MOS
Microsoft Office Specialist
対策テキスト
Word 365

日経BP

目次

第 1 章　文書の管理 ――――――――――――――――――――――― 1

第 2 章　文字、段落、セクションの挿入と書式設定 ―――― 65

第 3 章　表やリストの管理　　　　　　　　　　　　　　105

第 4 章　参考資料の作成と管理　　　　　　　　　　　　159

はじめに

本書は、Microsoft Office Specialist（MOS）試験に必要なアプリケーションの機能と操作方法を、練習問題で実習しながら学習する試験対策問題集です。試験の出題範囲をすべて学習することができます。

本書は「本誌解説」と「模擬テスト体験版」の2つの教材で学習を行います。

■ 本誌解説

個々の機能について、練習問題＋機能の説明＋操作手順という3ステップで学習します。

学習のために利用する実習用データは以下のWebサイトからダウンロードしてください。ダウンロードした後の展開方法もWebサイトで説明しています。

https://nkbp.jp/050413

■ 模擬テスト体験版

実際のMOS試験に似た画面で解答操作を行うことで、実力を養います。以下のWebサイトからダウンロードしてください。ダウンロードした後のインストール方法および詳しい使い方はWebサイトで説明しています。

https://nkbp.jp/050413

模擬テストには次の2つのモードがあります。

・練習モード：タスク1問ごとに採点します。

・本番モード：実際の試験と同じように、50分の制限時間の中で5個〜9個のプロジェクトを操作します。終了すると合否判定が表示され、問題ごとの採点結果を確認できます。

※ ファイルのダウンロードには、日経IDおよび日経BOOKプラスへの登録が必要になります（いずれも登録は無料）。

■ 学習に必要なコンピュータ環境

OS	Windows 10、Windows 11（日本語版、32ビットおよび64ビット）
アプリケーションソフト	Microsoft Office 2021またはMicrosoft 365（日本語版、32ビットおよび64ビット）を標準インストールし、ライセンス認証手続きを完了させた状態
インターネット	本誌解説の中には、インターネットに接続されていないと実習できない機能が一部含まれています。また、実習用データおよび模擬テスト体験版をダウンロードする場合にも、インターネット接続環境が必要です。
画面解像度	本誌解説は画面解像度が1366×768ピクセルの環境での画面ショットを掲載しています。環境によってリボン内のボタンが誌面と異なる形状で表示される場合があります。

本書の使い方

ここで学習する項目です。

練習問題
問題文を読んで操作してください。

その他の操作方法
ショートカットキーやショートカットメニューなど、同じ機能を他の操作手順で行う方法を掲載しています。

練習問題ファイル
練習問題で使用するファイルと、そのファイルを収めたフォルダーの名称です。

解答例ファイル
練習問題を解いた解答例のファイルと、そのファイルを収めたフォルダーの名称です。

重要用語
覚えておくべき単語を列挙しています。

機能の説明
試験範囲の機能を理解し、練習問題を解くうえで最も重要な点について説明しています。手順だけでなく背景となる知識も身に付けてください。

ポイント
機能に関する専門用語や操作するうえで重要な手順などについて解説しています。

ヒント
機能の説明を補足する追加情報です。

操作手順
練習問題の解答例として、最も望ましい操作手順を掲載しています。

 注意 練習問題によっては、問題を解くときに問題用のファイルに加えて他のファイルも使用する場合があります。

 注意 練習問題によっては、解答ファイルを収録せず誌面に画面を掲載しているだけの場合もあります。また、解答ファイルのファイル名は通常「解答 1-1-1」のように付けていますが、「都道府県別売り上げ実績（解答 1-3-1）」のように、問題で指示されたファイル名を付けたり、別のファイル形式で保存している場合があります。

 注意 同じ結果を得るために複数の操作手順がある場合は、そのうちの一つを記載しています。

■ Word 365 の画面

[ファイル] タブ

クリックすると、[新規] [開く] [名前を付けて保存] [印刷] などの画面が表示され、ファイルに関する操作ができる。

タブ

ウィンドウ上の [ホーム] [挿入] …と表示された部分。クリックすると、その下のボタンの内容が変化する。図形やテーブルなどを選択すると、それに関するタブが新たに表示される。

リボン

ウィンドウ上の [ホーム] [挿入] …と表示された部分（タブ）に応じたコマンドボタンが並んでいるエリア。

詳細なダイアログボックスの表示

クリックすると、より詳細な設定ができるダイアログボックスや作業ウィンドウが表示される。

ミニツールバー

文字を選択したとき選択文字の右上に現れるバー。ミニツールバーはマウスを右クリックしても表示される。

表示選択ショートカット

[閲覧モード] [印刷レイアウト] [Web レイアウト] の各表示画面に切り替えるボタンが配置されている。

コマンドボタン

各グループを構成する個々のボタン。コマンドボタンにマウスポインターを合わせて少し待つと、そのコマンドボタンの名前や機能がポップヒントで表示される。

検索ボックス

語句を入力すると、関連する操作のコマンドが検索され、クリックすると実行できる。文書内の文字列を検索することもできる。

グループ

ボタンが [フォント] や [段落] などのグループに分類されている。グループには、似た機能を持つボタン（コマンドボタン）が集められている。

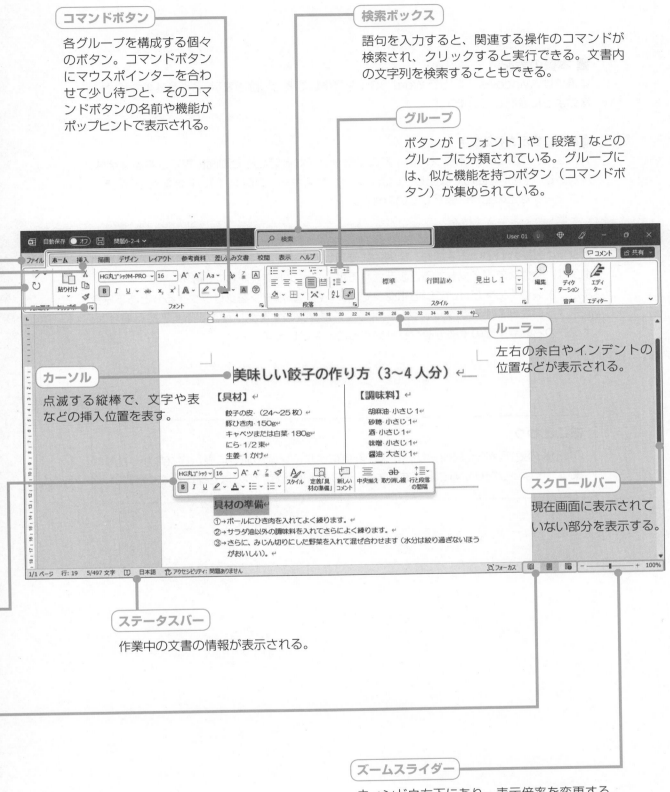

ルーラー

左右の余白やインデントの位置などが表示される。

カーソル

点滅する縦棒で、文字や表などの挿入位置を表す。

スクロールバー

現在画面に表示されていない部分を表示する。

ステータスバー

作業中の文書の情報が表示される。

ズームスライダー

ウィンドウ右下にあり、表示倍率を変更する。スライダーをドラッグすると表示倍率を変更できる。また、[拡大]、[縮小]をクリックすると 10%ずつ拡大、縮小できる。

■ 本書の表記

本書では、Windows 11 上で Word 365 を操作した場合の画面表示、名称を基本に解説し、次のように表記しています。

●画面に表示される文字

メニュー、コマンド、ボタン、ダイアログボックスなどの名称で画面に表示される文字は、角かっこ（[ ]）で囲んで表記しています。アクセスキー、コロン（:）、省略記号 (...)、チェックマークなどの記号は表記していません。

●ボタン名の表記

ボタンに表記されている名前を、原則的に使用しています。なお、ボタン名の表記がないボタンは、マウスでポイントすると表示されるポップヒントで表記しています。

また、右端や下に▼が付いているボタンでは、「[○○] ボタンをクリックする」とある場合はボタンの左側や上部をクリックし、「[○○] ボタンの▼をクリックする」とある場合は、ボタンの右端や下部の▼部分をクリックすることを表します。

おことわり

Office の更新状況や機能・サービスの変更により、誌面の通りに表示されなかったり操作できなかったりすることがあります。その場合は適宜別の方法で操作してください。

■ 実習用データの利用方法

●ダウンロードと展開方法

学習のために利用する実習用データをダウンロードするには、以下のサイトにアクセスします。

https://nkbp.jp/050413

1. リンク［実習用データのダウンロード］をクリックします。
2. 表示されたページにあるダウンロードのアイコンをクリックして、［ドキュメント］フォルダーにダウンロードします。
3. ［ドキュメント］フォルダーを開き、ダウンロードした ZIP 形式の圧縮ファイルを右クリックします。
4. ショートカットメニューの［プロパティ］をクリックします。
5. ダイアログボックスの［全般］タブに［セキュリティ］という項目が表示されるので、この右にある［ブロックの解除］チェックボックスをオンにして［OK］をクリックします。
6. ダウンロードした ZIP ファイルを展開すると、［Word365（実習用）］というフォルダーが生成されます。

［Word365（実習用）］フォルダーには以下のフォルダーとファイルが収録されています。

フォルダー名	内容
［問題］フォルダー	練習問題用のファイル
［解答］フォルダー	練習問題の解答例ファイル

※ ファイルのダウンロードには、日経 ID および日経 BOOK プラスへの登録が必要になります（いずれも登録は無料）。

●削除方法

実習用データを削除する方法は次のとおりです。

① ［ドキュメント］フォルダー内の［Word365（実習用）］フォルダーを右クリックします。
② ショートカットメニューの［削除］をクリックします。
③ 確認のメッセージが表示された場合は、［はい］をクリックします。

■ 学習の進め方

本誌解説は、公開されている MOS 365 の「出題範囲」に基づいて構成しています。この
ため、Word の機能を学習していく順序としては必ずしも適切ではありません。Word の基
本から応用へと段階的に学習する場合のカリキュラム案を以下に示しますが、もちろんこの
通りでなくてもかまいません。

本書は練習問題（1-1-1 のような項目ごとに一つの練習問題があります）ごとに実習用の
問題ファイルが用意されているので、順序を入れ替えても問題なく練習できるようになって
います。

1. 文書の作成と編集

1-2	文書の書式を設定する（1-2-3、1-2-4 を除く）
2-1	文字列を挿入する
2-2	文字列や段落の書式を設定する
3-3	リストを作成する、変更する

2. 保存と印刷

1-3	文書を保存する、共有する（1-3-4 を除く）

3. 表の作成と編集

3-1	表を作成する
3-2	表を変更する

4. グラフィックの挿入

5-1	図やテキストボックスを挿入する
5-2	図やテキストボックスを書式設定する

5. グラフィックの編集

6. 長文作成機能

7. 参照資料の作成

8. 文書の管理

9. 文書を配布するための準備

MOS 試験について

●試験の内容と受験方法

MOS（マイクロソフトオフィススペシャリスト）試験については、試験を実施しているオデッセイコミュニケーションズの MOS 公式サイトを参照してください。

https://mos.odyssey-com.co.jp/

● Word365 の出題範囲

より詳しい出題範囲（PDF ファイル）は MOS 公式サイトからダウンロードできます。その PDF ファイルにも書かれていますが、出題範囲に含まれない操作や機能も出題される可能性があります。

文書の管理
- ・文書内を移動する
- ・文書の書式を設定する
- ・文書を保存する、共有する
- ・文書を検査する

文字、段落、セクションの挿入と書式設定
- ・文字列を挿入する
- ・文字列や段落の書式を設定する
- ・文書にセクションを作成する、設定する

表やリストの管理
- ・表を作成する
- ・表を変更する
- ・リストを作成する、変更する

参考資料の作成と管理
- ・脚注と文末脚注を作成する、管理する
- ・目次を作成する、管理する

グラフィック要素の挿入と書式設定
- ・図やテキストボックスを挿入する
- ・図やテキストボックスを書式設定する
- ・グラフィック要素にテキストを追加する
- ・グラフィック要素を変更する

文書の共同作業の管理
- ・コメントを追加する、管理する
- ・変更履歴を管理する

試験の操作方法

試験問題の構成や操作方法などは試験開始前に説明画面が表示されますが、なるべく事前に頭に入れておき、問題の解答操作以外のところで時間を取られないよう注意しましょう。

●試験問題の構成

試験は「マルチプロジェクト」と呼ぶ形式で、5～9個のプロジェクトで構成されています。プロジェクトごとに1つの文書（ファイル）が開き、そのファイルに対して解答操作を行います。タスク（問題）はプロジェクトごとに1～7個、試験全体で26～35個あります。

●プロジェクトの操作

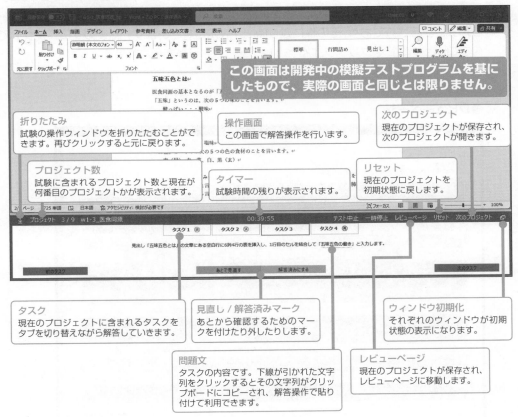

折りたたみ
試験の操作ウィンドウを折りたたむことができます。再びクリックすると元に戻ります。

操作画面
この画面で解答操作を行います。

次のプロジェクト
現在のプロジェクトが保存され、次のプロジェクトが開きます。

この画面は開発中の模擬テストプログラムを基にしたもので、実際の画面と同じとは限りません。

プロジェクト数
試験に含まれるプロジェクト数と現在が何番目のプロジェクトかが表示されます。

タイマー
試験時間の残りが表示されます。

リセット
現在のプロジェクトを初期状態に戻します。

タスク
現在のプロジェクトに含まれるタスクをタブを切り替えながら解答していきます。

見直し / 解答済みマーク
あとから確認するためのマークを付けたり外したりします。

ウィンドウ初期化
それぞれのウィンドウが初期状態の表示になります。

問題文
タスクの内容です。下線が引かれた文字列をクリックするとその文字列がクリップボードにコピーされ、解答操作で貼り付けて利用できます。

レビューページ
現在のプロジェクトが保存され、レビューページに移動します。

※ 実際の試験では画面のデザインやマークなどが異なります。

試験が始まると上記のような画面が表示されます。上半分がプロジェクトファイルを開いたWordのウィンドウです。下半分が試験の操作ウィンドウ（プロジェクト操作画面）で、問題文の表示、タスク（問題）の切り替え、次のプロジェクトへの移動、［解答済みにする］と［あとで見直す］のマーク付けなどを行います。［プロジェクトの背景］［タスク1］［タスク2］…という部分はタブになっていて、選択されているタスクの問題文やプロジェクトの簡単な説明がその下に表示されます。

一つのタスクについて、解答操作を行ったら［解答済みにする］をクリック、解答操作に自信がない（あとで見直したい）場合や解答をいったんスキップする場合は［あとで見直す］をクリックします。なお、［解答済みにする］マークや［あとで見直す］マークは確認のためのものであり、試験の採点には影響しません。その後、ほかのタスクに切り替えます。タスクは番号にかかわらずどの順序でも解答することができます。解答操作をキャンセルしてファイルを初期状態に戻したいときは［リセット］をクリックします。この場合、そのプロジェクトのすべてのタスクに関する解答操作が失われます。

全部のタスクを解答またはスキップしたら［次のプロジェクト］をクリックします。するとそのプロジェクトが保存され、次のプロジェクトが開きます。試験の操作ウィンドウの上部のバーには試験に含まれるプロジェクト数と現在が何番目のプロジェクトかが「1/7」という形式で表示されており、その横に残り時間が表示されています。最後のプロジェクトで［次のプロジェクト］をクリックすると、レビューページが表示されます。

●レビューページ

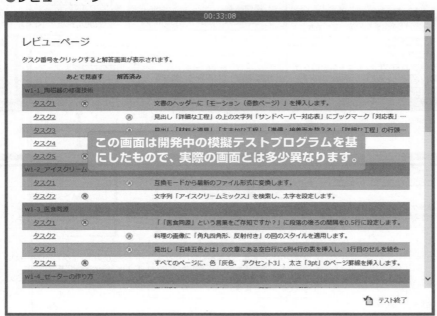

レビューページには、解答操作の際に付けた［解答済みにする］と［あとで見直す］のマークがそれぞれのタスクに表示されます。タスク番号をクリックすると試験の操作画面に戻り、該当するプロジェクトのファイルが開きます。プロジェクトファイルは保存したときの状態で、クリックしたタスクが選択されています。解答の操作、修正、確認などを行ったら［解答済みにする］や［あとで見直す］のマークの状態を更新します。

試験の操作ウィンドウの右上にはこの一覧画面を表示するための［レビューページ］が表示され、クリックするとプロジェクトが保存されてレビューページが表示されます。

すべての操作や確認が完了したら［試験終了］ボタンをクリックして試験を終了します。［試験終了］ボタンをクリックしなくても、試験時間の50分が経過したら自動的に終了します。

受験時のアドバイス

▶ ▶ ▶ タスクの解答順にはこだわらない・・・・・・・・・・・・・・・・・・・・・・・・・・・・・・・・

一つのプロジェクト内では同じファイルに対して操作を行いますが、タスクは基本的に相互の関連がないので、前のタスクを解答しないと次のタスクが解答できない、ということはありません。左の「タスク1」から順に解答する必要はありません。

▶ ▶ ▶ 一つのタスクに固執しない・・・・・・・・・・・・・・・・・・・・・・・・・・・・・・・・・・・・・・

できるだけ高い得点をとるためには、やさしい問題を多く解答して正解数を増やすようにします。とくに試験の前半で難しい問題に時間をかけてしまうと、時間が足りなくなる可能性があります。タスクの問題文を読んで、すぐに解答できる問題はその場で解答し、すぐに解答できそうにないと感じたら、早めにスキップして解答を後回しにします。全部のタスクを開いたら、スキップしたタスクがあっても次のプロジェクトに進みます。

▶ ▶ ▶ ［解答済みにする］か［あとで見直す］のチェックは必ず付ける・・・・・・・

一つのタスクについて、解答したときは［解答済みにする］、解答に自信がないかすぐに解答できないときは［あとで見直す］のチェックを必ず付けてから、次のタスクを選択するようにします。これらのチェックは採点結果には影響しませんが、あとでレビューページを表示したときに重要な情報になるので、付け忘れないようにします。

▶ ▶ ▶ レビューページで未了タスクを確認・・・・・・・・・・・・・・・・・・・・・・・・・・・・・・・

どのタスクの解答を解答済みにしたかは、レビューページで確認します。レビューページで［解答済みにする］マークも［あとで見直す］マークも付いていないタスクは、解答し忘れている可能性があるので、そのようなタスクがあればまず確認し解答します。
次に、［あとで見直す］マークが付いているタスクに取りかかります。解答できたら［あとで見直す］マークのチェックを外し［解答済みにする］マークをチェックし直してから、レビューページに戻ります。

▶ ▶ ▶ 残り時間を意識し、早めにレビューページを表示する・・・・・・・・・・・・・

プロジェクト操作画面とレビューページには、試験の残り時間が表示されています。試験終了間際にならないうちに、すべてのプロジェクトをいったん保存してレビューページを表示するように心がけます。

▶▶▶ ［リセット］ボタンは慎重に・・・・・・・・・・・・・・・・・・・・・・・・・・・・・・・・・・・

［リセット］ボタンをクリックすると、現在問題文が表示されているタスクだけではなく、そのプロジェクトにあるタスクの操作がすべて失われるので注意が必要です。途中で操作の間違いに気づいた場合、なるべく［リセット］ボタンを使わず、［元に戻す］ボタン（または Ctrl+Z キー）で操作を順に戻すようにしましょう。

▶▶▶ 指示外の設定は変更しない・・・・・・・・・・・・・・・・・・・・・・・・・・・・・・・・・・・

操作項目に書かれていない設定項目は既定のままにしておきます。これを変更すると採点結果に悪影響を与える可能性があります。

▶▶▶ 文字は直接入力せずコピー機能を利用する・・・・・・・・・・・・・・・・・・・・・・・・・

問題文で下線が引かれた文字列をクリックするとその文字がクリップボードにコピーされ、解答操作で Ctrl+V キーなどで貼り付けて利用できます。本文や図形への文字入力のほか、文字列の置換やプロパティの設定などで利用できます。入力ミスを防ぎ操作時間を短縮するために、コピーが可能な場合はできるだけコピー機能を利用しましょう。

▶▶▶ 英数字や記号は基本的に半角文字・・・・・・・・・・・・・・・・・・・・・・・・・・・・・・・

英数字や記号など、半角文字と全角文字の両方がある文字については、具体的な指示がない限り半角文字を入力します。

▶▶▶ ファイルの保存は適度に・・・・・・・・・・・・・・・・・・・・・・・・・・・・・・・・・・・・

ファイルをこまめに保存するよう、案内画面には書かれていますが、それほど神経質になる必要はありません。ファイルの保存操作をするかどうかは採点結果には影響しません。何らかの原因で試験システムが停止してしまった場合に、操作を途中から開始できるようにするためのものです。ただし、このようなシステム障害の場合にどういう措置がとられるかは状況次第ですので、会場の試験官の指示に従ってください。

文書の管理

1-1 文書内を移動する

文字量が多い文書や複数ページにわたる文書では、目的の文字列を特定することが困難になることがあります。そのような場合は、文書内の移動や検索機能を利用すると便利です。ここでは、ナビゲーションウィンドウでの検索、ハイパーリンクやブックマークの設定、ジャンプなど、文書内の検索方法や移動方法を学習します。

1-1-1 文字列を検索する

練習問題

問題フォルダ
└ 問題 1-1-1..docx

解答ファイルはありません。本書に掲載した画面を参照してください。

文書内の文字列「ルーム」を検索し、検索結果の 5 番目を選択します。

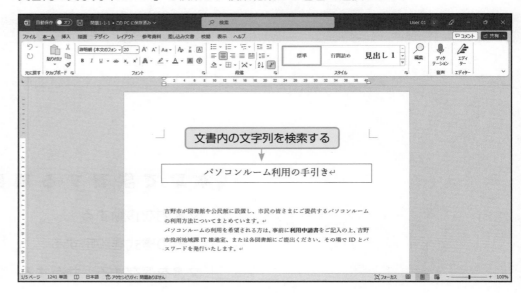

機能の解説

重要用語

□ ナビゲーション
ウィンドウ

□ [検索] ボタン

□ 高度な検索

特定の文字列を検索するにはナビゲーションウィンドウを使用します。ナビゲーションウィンドウは、[ホーム] タブの  [検索] ボタンをクリックすると表示されます。ナビゲーションウィンドウの [文書の検索] ボックスに検索する文字列を入力するとすぐに検索が実行され、該当件数と検索語を含む箇所がナビゲーションウィンドウ内に表示されます。また、文書中の該当箇所がハイライト表示されます。

ナビゲーションウィンドウ

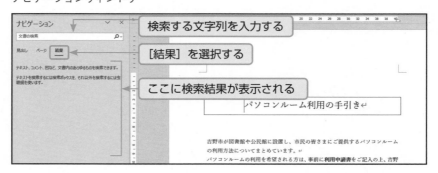

●高度な検索

大文字と小文字、半角と全角を区別するなどのオプションを設定してより高度な検索を行う場合は、ナビゲーションウィンドウの［文書の検索］ボックスの右の▼をクリックし、［高度な検索］をクリックします。［検索と置換］ダイアログボックスが表示されるので、［オプション］をクリックしてダイアログボックスを拡張表示し、［あいまい検索］チェックボックスをオフにすると、大文字と小文字、半角と全角を区別するなどの詳細な検索オプションを設定できます。たとえば半角文字の「ルーム」だけを検索する場合は、［検索する文字列］ボックスに「ルーム」（半角）と入力し、［半角と全角を区別する］チェックボックスをオンにします。［次を検索］をクリックすると、検索結果にジャンプします。

［検索と置換］ダイアログボックスを使用した詳細な検索

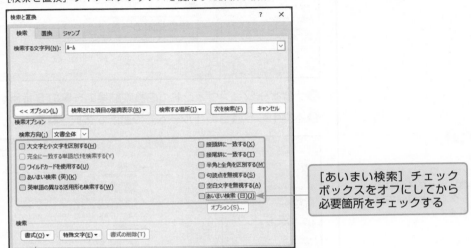

［あいまい検索］チェックボックスをオフにしてから必要箇所をチェックする

操作手順

その他の操作方法
ショートカットキー
Ctrl ＋ **F** キー
（ナビゲーションウィンドウの表示）

その他の操作方法
ナビゲーションウィンドウの表示
［表示］タブの［ナビゲーションウィンドウ］をクリックしてオンにしても表示できます。

❶ ［ホーム］タブの [編集] ボタンをクリックし、 [検索] ボタンをクリックします。

❷ ナビゲーションウィンドウが表示されます。

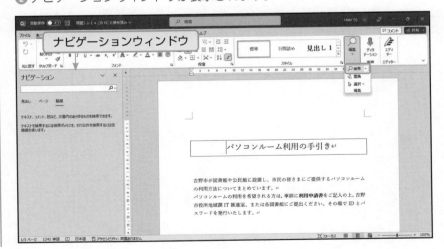

❸［文書の検索］ボックスに「ルーム」と入力します。

❹該当箇所の件数と検索結果が表示され、文書中の該当箇所がハイライト表示されます。

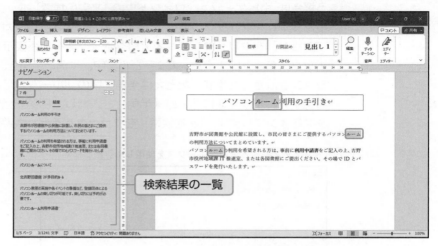

検索結果の一覧

❺ナビゲーションウィンドウの検索結果の一覧の5番目をクリックします。

❻本文中の5番目の「ルーム」の箇所が選択されます。

✐ポイント

検索の終了
ナビゲーションウィンドウの
［文書の検索］ボックスの右の
×をクリックすると検索内容
がクリアされます。

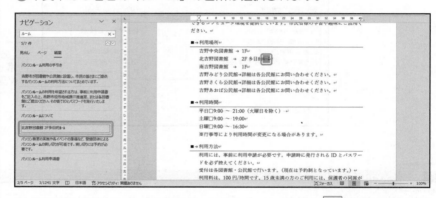

※ 解答操作が終了したら、ナビゲーションウィンドウの ×［閉じる］ボタンをクリックしてナビゲーションウィンドウを閉じます。

1-1-2 文書内の他の場所にリンクする

練習問題

問題フォルダー
└ 問題 1-1-2.docx

解答フォルダー
└ 解答 1-1-2.docx

【操作 1】5 ページ 1 行目の「パソコンルール利用申請書」の行頭に「申請書」という名前のブックマークを設定します。

【操作 2】1 ページ 4 行目の「利用申請書」の文字列に「申請書」のブックマークへのハイパーリンクを設定します。

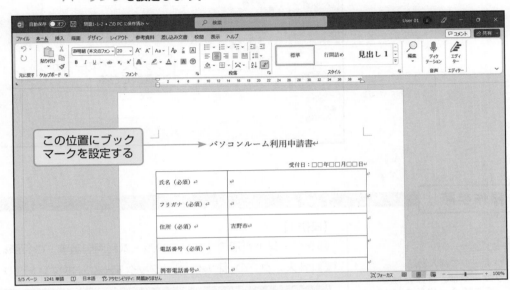

機能の解説

□ ブックマーク
□ ハイパーリンク
□ [ハイパーリンクの挿入] ダイアログボックス
□ [ブックマーク] ダイアログボックス

ブックマークとは、文書中の任意の位置に設定できる「しおり」のようなものです。頻繁に参照する箇所にブックマークを設定しておくと、ハイパーリンクと組み合わせて利用することでその位置へ簡単に移動できるようになります。

ハイパーリンクとは、設定した箇所をクリックするだけで Web ページやメールアドレス、別の文書などにすばやくアクセスできる機能です。同じ文書内では、あらかじめ見出しスタイル（2-2-5 参照）やブックマークを設定した箇所がリンク先として選択できます。

ブックマークの設定は、[挿入] タブの [ブックマーク] [ブックマーク] ボタンから [ブックマーク] ダイアログボックスを表示して行います。

[ブックマーク] ダイアログボックス

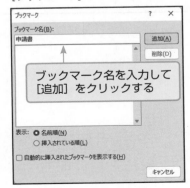

ブックマークを設定し、次にハイパーリンクを挿入するには、[挿入] タブの ⚙リンク ▽ [リンク] ボタンから [ハイパーリンクの挿入] ダイアログボックスを表示して [リンク先] の一覧の [このドキュメント内] をクリックします。右側の [ドキュメント内の場所] ボックスに見出しとブックマークの一覧が表示され、リンク先として指定できます。

[ハイパーリンクの挿入] ダイアログボックスでブックマークをリンク先に指定する

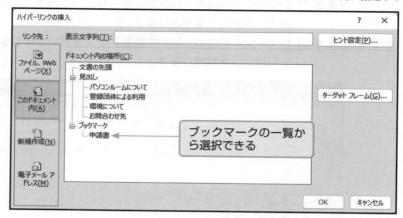

操作手順

★ヒント

ブックマークの挿入場所
ブックマークは、行頭だけでなく、行の途中や複数の行や段落などの範囲にも挿入することができます。その場合は、あらかじめ範囲を選択してから、🔖ブックマーク [ブックマーク] ボタンをクリックします。

【操作 1】

❶ 5 ページ 1 行目の「パソコンルーム利用申請書」の行頭にカーソルを移動します。

❷ [挿入] タブの 🔖 ブックマーク [ブックマーク] ボタンをクリックします。

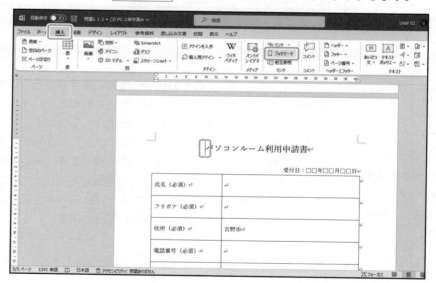

③ [ブックマーク] ダイアログボックスが表示されます。

④ [ブックマーク名] ボックスに「申請書」と入力します。

⑤ [追加] をクリックします。

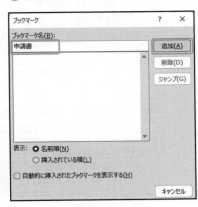

★ヒント
ブックマークの操作
設定したブックマークは [ブックマーク] ダイアログボックスに一覧表示されます。ブックマークを選択して [ジャンプ] をクリックすると、その位置へジャンプします。また、[削除] をクリックすると、選択したブックマークが削除されます。

⑥ カーソルの位置にブックマークが設定され、[ブックマーク] ダイアログボックスが閉じます。

【操作 2】

⑦ 1 ページ 4 行目の「利用申請書」を選択します。

⑧ [挿入] タブの　🔗リンク ∨　[リンク] ボタンをクリックします。

💡 その他の操作方法
ショートカットキー
Ctrl + **K** キー
([ハイパーリンクの挿入]
ダイアログボックスの表示)

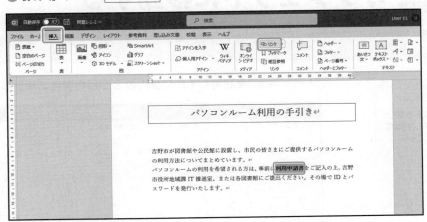

⑨ [ハイパーリンクの挿入] ダイアログボックスが表示されます。

⑩ [リンク先] の一覧の [このドキュメント内] をクリックします。

⑪ [ドキュメント内の場所] の [ブックマーク] の [申請書] をクリックします。

⑫ [OK] をクリックします。

★ヒント

ハイパーリンクの実行

本文中に挿入されたハイパーリンクを**Ctrl**キーを押しながらポイントすると、マウスポインターの形状が 👆 のように変化し、クリックしてリンク先へジャンプすることができます。

★ヒント

ハイパーリンクの解除

ハイパーリンクを設定した箇所を右クリックし、ショートカットメニューの［ハイパーリンクの削除］をクリックすると、ハイパーリンクが解除されます。

⑬ 選択した文字列にブックマークへのハイパーリンクが設定されます。

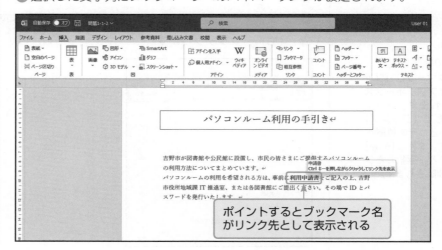

1-1-3　文書内の特定の場所やオブジェクトに移動する

練習問題

問題フォルダー
└問題 1-1-3.docx

解答ファイルはありません。本書に掲載した画面を参照してください。

ジャンプ機能を利用して、文書内の 2 つ目の脚注に移動します。

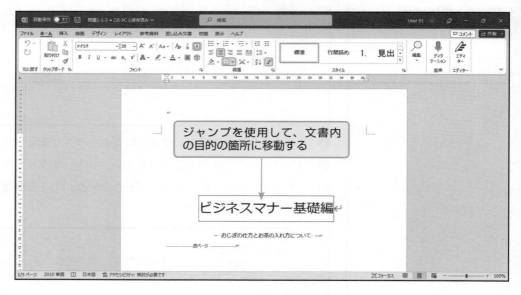

機能の解説

重要用語

□ ジャンプ
□ ［検索と置換］ダイアログ
　　ボックス
□ ［ジャンプ］タブ

文書内の特定の箇所にすばやくカーソルを移動するにはジャンプ機能を使用すると便利です。ジャンプ先として、コメントやブックマーク、表や図などいろいろな場所を指定できるため、目視では見つけにくい箇所にすばやく移動することができます。ジャンプは、［検索と置換］ダイアログボックスの［ジャンプ］タブを使用します。［検索と置換］ダイアログボックスの［ジャンプ］タブは、［ホーム］タブの ［検索］ボタンの▼をクリックして［ジャンプ］をクリックすると表示されます。

［検索と置換］ダイアログボックス

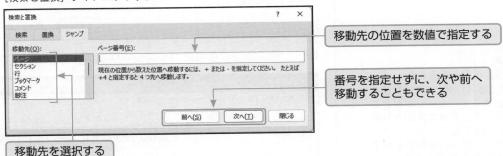

移動先の位置を数値で指定する

番号を指定せずに、次や前へ移動することもできる

移動先を選択する

また、ナビゲーションウィンドウの［文書の検索］ボックスの▼をクリックした一覧から画像、表、脚注などを選択して、すばやくジャンプすることができます。

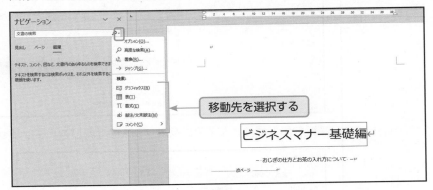

移動先を選択する

操作手順

その他の操作方法
ショートカットキー

Ctrl ＋ G キー
（［検索と置換］ダイアログボックスの［ジャンプ］タブの表示）

その他の操作方法
［検索と置換］ダイアログ
ボックス
ナビゲーションウィンドウの
［文書の検索］ボックスの右にある▼をクリックして一覧から
［ジャンプ］を選択しても表示されます。

❶ ［ホーム］タブの ［編集］ボタンをクリックします。
❷ ［検索］ボタンの▼をクリックし、［ジャンプ］をクリックします。

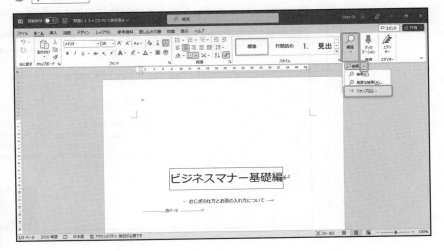

❸ ［検索と置換］ダイアログボックスの［ジャンプ］タブが表示されます。

❹ ［移動先］の一覧から［脚注］を選択します。

❺ ［脚注番号］ボックスに「2」と入力します。

❻ ［ジャンプ］をクリックします。

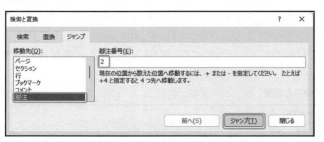

★ ヒント

前後の位置を指定する
［脚注番号］ボックスに数値を
指定すると、カーソルがどこ
にあっても文書の先頭から順
番に数えた位置にジャンプし
ますが、現在の位置から前や
後の位置を指定することもで
きます。2つ前なら-（マイナス）
を付けて「-2」、2つ後なら+（プ
ラス）を付けて「+2」のように
指定します。

❼ 2つ目の脚注の番号にカーソルが移動します。

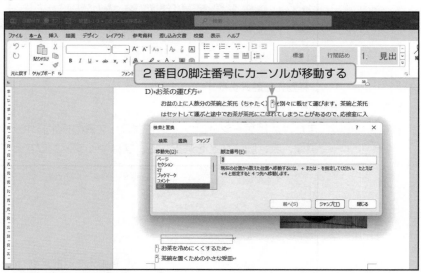

❽ ［検索と置換］ダイアログボックスの［閉じる］をクリックします。

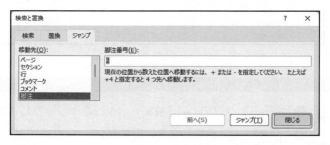

❾ 「茶托（ちゃたく）」の後ろの脚注番号にカーソルが移動したことを確認します。

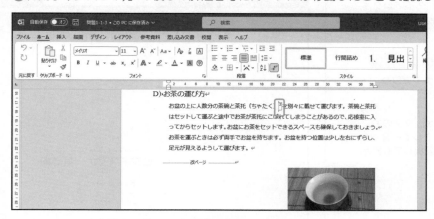

第 **1** 章 文書の管理

練習問題

問題フォルダー
└ 問題 1-1-4.docx

解答フォルダー
└ 解答 1-1-4.docx

【操作 1】編集記号を表示した状態で、1 ページ目の（ ）とその中の文字列をすべて隠し
文字に設定します。

【操作 2】編集記号を非表示に変更して、隠し文字を確認します。

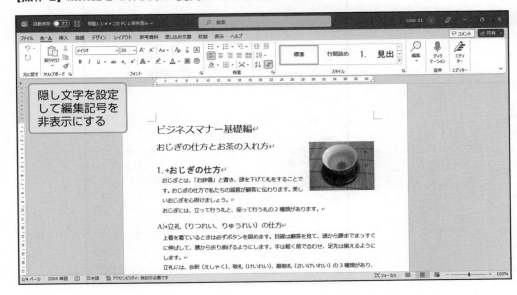

隠し文字を設定
して編集記号を
非表示にする

機能の解説

☐ 編集記号

☐ 隠し文字

☐ [編集記号の表示 /
非表示] ボタン

☐ [フォント] ダイアログ
ボックス

編集記号とは、段落の終わりに表示される段落記号（ ↵ ）やスペースやタブを挿入し
たときに表示される ☐ や → の記号、画像を選択した時に余白に表示されるアンカー
記号（ ⚓ ）など、画面に表示される記号のことです。編集記号は、画面表示のみで印刷
はされません。[ホーム] タブの ↵ [編集記号の表示 / 非表示] ボタンから、編集記号を
表示するかどうかを切り替えることができます。

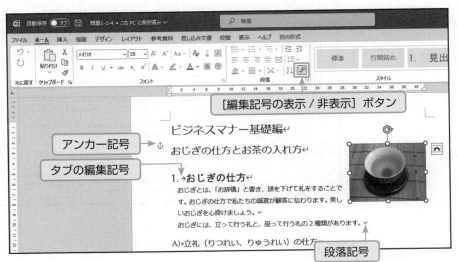

[編集記号の表示 / 非表示] ボタン

アンカー記号

タブの編集記号

段落記号

●隠し文字の設定

隠し文字に設定すると、画面にのみ表示され、印刷されない文字を作成することができます。文書にメモや覚え書きなどを付けておきたいときなどに利用すると便利です。初期状態では、隠し文字は編集記号がオンのときには画面上に表示され、オフにすると非表示になり、印刷時と同じ文書のイメージを確認できます。隠し文字の設定は、［フォント］ダイアログボックスの［フォント］タブで行います。

［フォント］ダイアログボックスの［フォント］タブ

操作手順

【操作 1】

❶［ホーム］タブの ↵ ［編集記号の表示 / 非表示］ボタンがオンになっていることを確認します。オンでない場合は、 ↵ ［編集記号の表示 / 非表示］ボタンをクリックします。

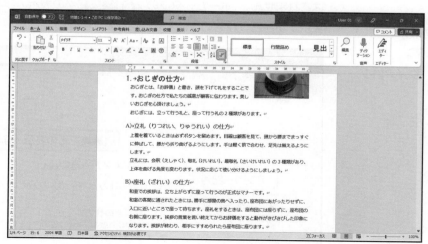

❷1ページ7行目の「（りつれい、りゅうれい）」を選択します。

❸**Ctrl**キーを押しながら、1ページ目の（　）とその中の文字列をすべて選択します。

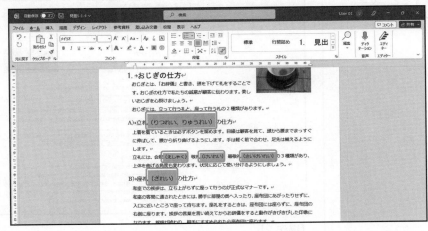

❹［ホーム］タブの［フォント］グループ右下の［フォント］ボタンをクリックします。

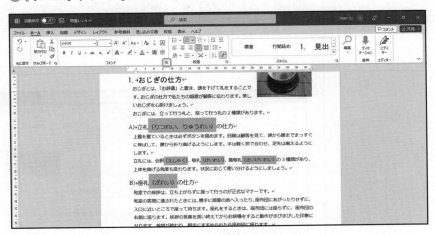

❺［フォント］ダイアログボックスが表示されます。

❻［フォント］タブを選択します。

❼［文字飾り］の［隠し文字］チェックボックスをオンにします。

❽［OK］をクリックします。

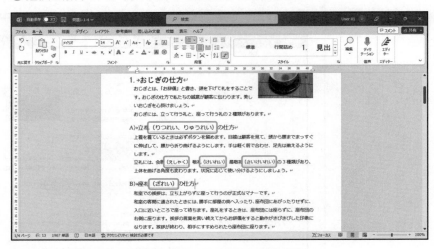

ポイント

隠し文字

隠し文字に設定すると、文字列の下に点線の編集記号が表示されます。

❾ 選択を解除して、隠し文字の編集記号を確認します。

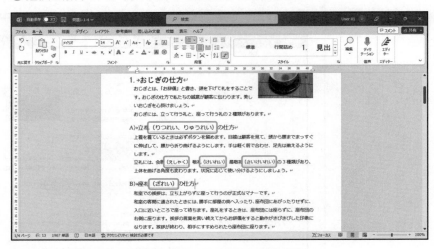

【操作2】

❿ [ホーム] タブの [編集記号の表示／非表示] ボタンをクリックしてオフにします。

⓫ 段落記号以外の編集記号が非表示になり、隠し文字も非表示になったことを確認します。

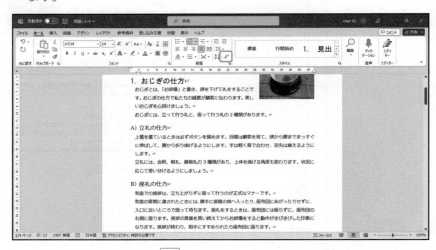

※ 解答操作が終了したら、[編集記号の表示／非表示] ボタンをクリックして編集記号を表示します。

1-2 文書の書式を設定する

文書の仕上げとして、用紙のレイアウトを整えたり、文書の余白や背面に情報を表示することで、よりわかりやすい文書を作成することができます。ここでは、用紙のサイズや余白の設定、ヘッダー / フッターの設定、ページの背景やページ番号の挿入など、文書全体にかかわる書式設定の方法を学習します。

1-2-1 文書のページ設定を行う

練習問題

問題フォルダー
└ 問題 1-2-1.docx
解答フォルダー
└ 解答 1-2-1.docx

文書の用紙サイズを B5、印刷の向きを横、左右の余白を「20mm」に変更し、ページ全体を表示して確認します。

機能の解説

重要用語

□ 用紙サイズ

□ 印刷の向き

□ 余白

□ [ページ設定] ダイアログボックス

Word の新規文書は、初期状態では A4 サイズの用紙の縦のレイアウトで印刷される設定になっています。用紙サイズや印刷の向き、ページの余白などの設定の変更は、基本的には文書を入力する前に行いますが、作業の途中や印刷前などに変更することも可能です。印刷の向きとは、用紙を縦長で使うか横長で使うかの設定です。余白とは、文字領域の外側にある空白部分のことです。

用紙サイズや印刷の向き、余白の設定は、[レイアウト] タブのボタンから行えます。また、[ページ設定] ダイアログボックスを使用すると、ページのレイアウト全般をまとめて設定できます。

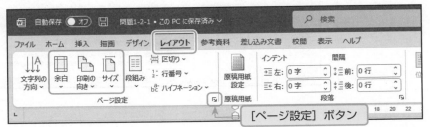

● [ページ設定] ダイアログボックス

[ページ設定] ダイアログボックスは、[レイアウト] タブの [ページ設定] グループ右下の
⤵ [ページ設定] ボタンをクリックすると表示されます。用紙サイズと余白によって1
行の文字数や1ページの行数の範囲が変わるので、設定するときは、[用紙] タブ、[余白]
タブ、[文字数と行数] タブの順に設定します。

★ヒント
文字数と行数
文字数は左右の余白、行数は
上下の余白によって指定でき
る数値が変わります。指定で
きる数値の範囲は、[文字数]
ボックスと [行数] ボックス
の横に [(1-42)] のように表
示されています。

★ヒント
行数の設定
1ページの行数を変更する場
合は [行数] ボックスで指定
します。Word 365 の既定の
フォントである「游明朝」を
使用した文書では、行数を変
更すると行間が広がり、指定
した行数にならない場合があ
ります。

[余白] タブ

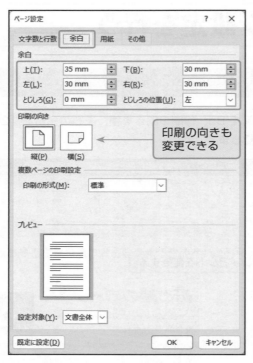

[文字数と行数] タブ

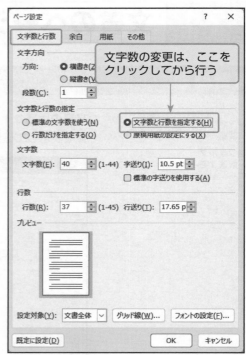

操作手順

★ヒント
ページ設定
この操作手順では、[レイアウ
ト] タブの各ボタンから操作
を行っていますが、最初から
[ページ設定] ダイアログボッ
クスを表示して、用紙サイズ、
余白、印刷の向きをまとめて
設定することもできます。

❶ [レイアウト] タブの [サイズ] ボタンをクリックします。
❷ 用紙サイズの一覧の [B5] をクリックします。

その他の操作方法

ページ設定

[ファイル] タブの [印刷] を
クリックして表示される [印刷]
画面でも用紙サイズ、印刷の
向き、余白の設定ができます。

❸ 文書の用紙サイズが B5 に変更されます。

用紙サイズが B5
に変更される

❹ [レイアウト] タブの [印刷の向き] ボタンをクリックします。

❺ [横] をクリックします。

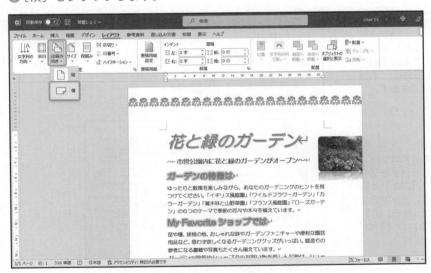

❻ 用紙の向きが横に変更されます。

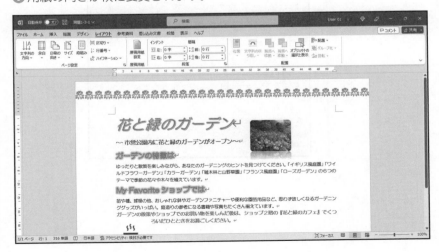

★ヒント

[余白] ボタンの一覧

［余白］ボタンをクリックして
表示される一覧の「狭い」「広
い」などを選択すると、余白
全体の設定をまとめて変更で
きます。

［余白］ボタン

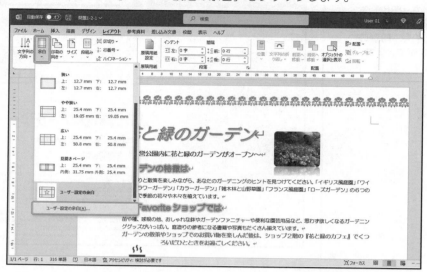

❾［ページ設定］ダイアログボックスの［余白］タブが表示されます。

❿［左］ボックスに「20」と入力するか、右端の▼をクリックして「20mm」に設定
します。

⓫［右］ボックスに「20」と入力するか、右側の▼をクリックして「20mm」に設定
します。

⓬［OK］をクリックします。

❗ポイント

余白サイズの入力

［上］［下］［左］［右］ボック
ス内をクリックして直接余白サ
イズを入力する場合は、単位
の「mm」は省略できます。

★ヒント

複数のページ設定

［ページ設定］ダイアログボッ
クスを使用すると、タブを切り
替えながらページに関する設
定をまとめて行うことができま
す。用紙サイズは［用紙］タブ、
ページの向きと余白は［余白］
タブで設定します。

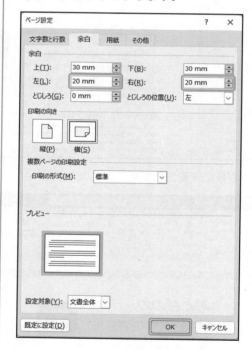

⓭左右の余白が変更されます。

左右の余白が狭くなった

⓮［表示］タブの [1ページ]［1 ページ］ボタンをクリックします。

⓯1 ページ全体が表示されるので、印刷の向きと左右の余白を確認します。

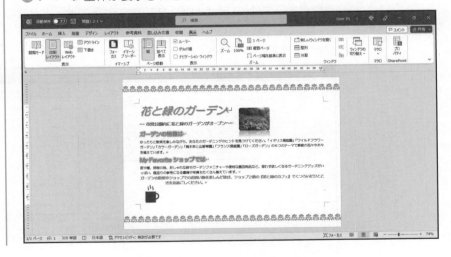

1-2-2 スタイルセットを適用する

練習問題

問題フォルダー
└ 問題 1-2-2.docx

解答フォルダー
└ 解答 1-2-2.docx

文書の**スタイルセット**を「ミニマリスト」に変更します。

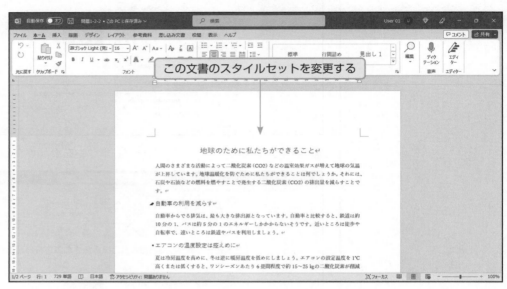

機能の解説

□ スタイルセット
□ スタイル

スタイルセットとは、文書全体の文字列や段落の書式を一括設定する機能です。文書にあらかじめ「表題」や「見出し 1」などの**スタイル**を設定しておけば、スタイルセットを変更するだけで文書の見た目のイメージを変えることができます。現在のスタイルセットの書式は、[ホーム] タブの [スタイル] グループの一覧で確認できます。スタイルセットを変更するには、[デザイン] タブの ⌄ [その他] ボタンの一覧から選択します。

[ホーム] タブの [スタイル] グループの一覧

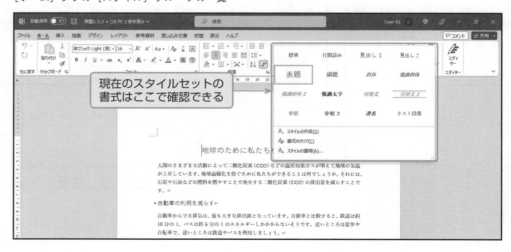

スタイルのプレビュー

スタイルセットの一覧の候補をポイントすると、文書のスタイルがリアルタイムプレビューで確認できます。この文書では、1 行目に「表題」スタイル、6 行目、10 行目などには「見出し 1」スタイルが設定されています。特にスタイルを設定していない箇所は、初期値の「標準」スタイルになっていますが、その部分も変更されます。

❶ ［デザイン］タブの ▼ ［その他］ボタンをクリックします。

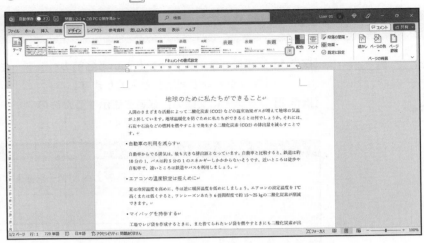

❷ スタイルセットの一覧から［ミニマリスト］をクリックします。

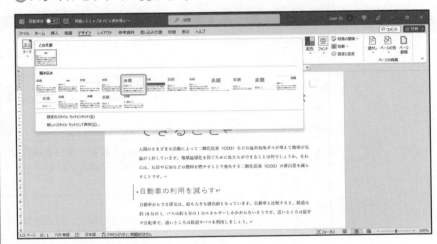

❸ スタイルセットが変更されます。

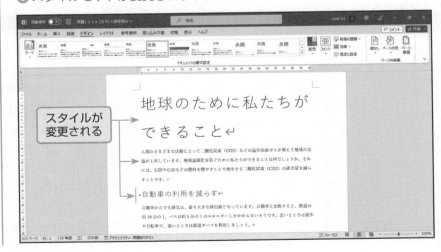

スタイルが
変更される

1-2-3 ヘッダーやフッターを挿入する、変更する

練習問題

問題フォルダー
└ 問題 1-2-3.docx

解答フォルダー
└ 解答 1-2-3.docx

【操作 1】 文書に「オースティン」という名前のヘッダーを挿入し、文書のタイトルとして「マンション広報紙」と入力します。

【操作 2】 フッターに文書の作成者を表示するためのプレースホルダーを挿入し、中央揃えにします。

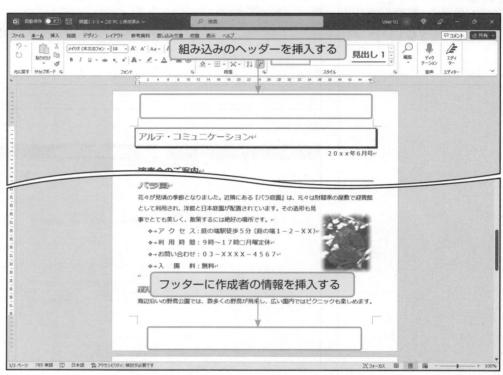

機能の解説

重要用語

- □ ヘッダー
- □ フッター
- □ クイックパーツ
- □ [ヘッダーとフッター] タブ
- □ プレースホルダー
- □ [先頭ページのみ別指定] チェックボックス

ヘッダーやフッターは、1 つの文書（またはセクション）内のすべてのページに共通して表示される内容で、基本的にヘッダーはページの上部、フッターはページの下部の領域を指します（図形やテキストボックスなどはこの領域外に配置して、すべてのページに表示することも可能です）。ヘッダーやフッターには、あらかじめ用意されている組み込みのクイックパーツを挿入することや、ユーザーが自由に文字や画像、プレースホルダー（特定の情報を表示するための枠）などを挿入することができます。

あらかじめ用意された組み込みのヘッダー / フッターは、[挿入] タブの [ヘッダー] ボタンまたは [フッター] [フッター] ボタンからさまざまなデザインのものを挿入することができます。

任意の文字を挿入したい場合は、ヘッダーやフッターを編集できる状態にして直接入力します。また、[ヘッダーとフッター] タブの [ドキュメント情報] ボタンの一覧から文書のタイトルや作成者などの文書に保存されている情報を挿入できます。

[ヘッダーとフッター] タブの [ドキュメント情報] ボタンの一覧

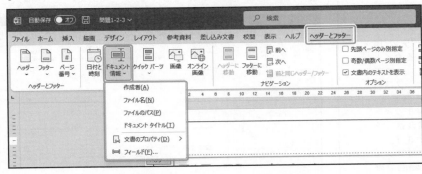

●ヘッダー / フッターの編集

ヘッダーまたはフッターを挿入したり選択したりすると、ヘッダー / フッター領域が表示され、リボンに [ヘッダーとフッター] タブが表示されます。[ヘッダーとフッター] タブでは、ヘッダーやフッターの表示位置の変更、奇数ページと偶数ページで表示内容を変更するなど、ヘッダーとフッターに関するさまざまな設定ができます。

ヘッダー / フッターを選択すると表示される [ヘッダーとフッター] タブ

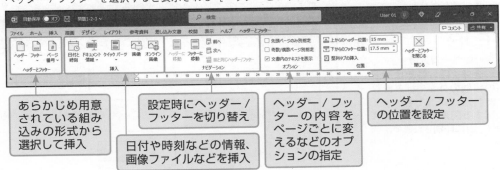

あらかじめ用意されている組み込みの形式から選択して挿入

日付や時刻などの情報、画像ファイルなどを挿入

設定時にヘッダー / フッターを切り替え

ヘッダー / フッターの内容をページごとに変えるなどのオプションの指定

ヘッダー / フッターの位置を設定

たとえば、表紙を作成して、表紙にヘッダーやフッターを表示したくない場合は、□ 先頭ページのみ別指定 [先頭ページのみ別指定] チェックボックスをオンにします。奇数ページ、偶数ページごとに違うヘッダーやフッターを表示したい場合は、□ 奇数/偶数ページ別指定 [奇数 / 偶数ページ別指定] チェックボックスをオンにします。

操作手順

★ヒント

ヘッダー / フッター領域

ヘッダー / フッター領域が編集状態になると、本文領域は編集不可になるため、薄い色で表示されます。なお、ヘッダー / フッター領域は、[挿入]タブの [ヘッダー] ボタンまたは [フッター] ボタンをクリックし、[ヘッダーの編集] または [フッターの編集] をクリックするか、ヘッダー / フッター部分をダブルクリックしても編集状態になります。

【操作 1】

❶ [挿入] タブの [ヘッダー] [ヘッダー] ボタンをクリックします。

❷ [組み込み] の一覧から [オースティン] (上から 6 番目) をクリックします。

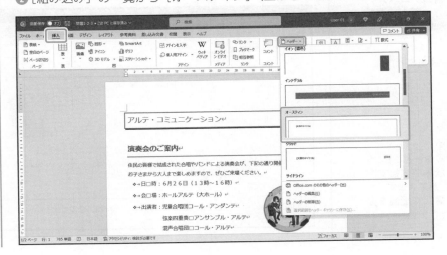

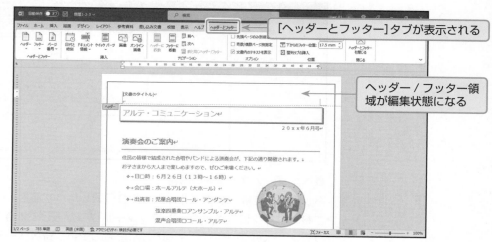

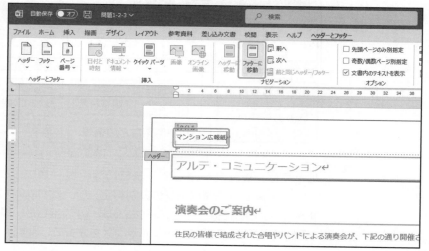

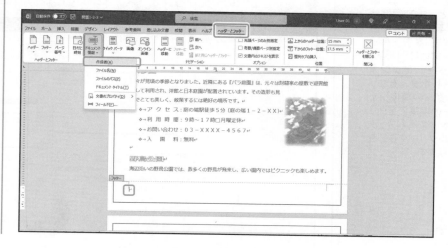

ポイント

文書のタイトル

このヘッダーの［文書のタイトル］は、文書のプロパティ（属性情報）の1つであるタイトルと連動しています。ここでタイトルを入力すると、プロパティの設定も変更されます。また、先にプロパティでタイトルを設定していた場合は、そのタイトルが表示されます。
文書のプロパティは［ファイル］タブの［情報］画面で確認できます。

☆ヒント

プレースホルダー

文書パーツの種類によっては、特定の情報を表示するための枠が挿入されます。この枠をプレースホルダーといい、クリックすると灰色になり、入力可能な状態になります。

☆ヒント

ヘッダーのページ罫線

ページ全体を囲む罫線はヘッダーの領域の外まではみ出していますが、あくまでもヘッダーに属する図形であり、すべてのページに印刷されます。

その他の操作方法

文書プロパティの挿入

作成者や会社、タイトルなどの文書のプロパティを挿入する場合は、［ドキュメント情報］ボタンの［文書のプロパティ］をポイントした一覧から選択することもできます。

［ドキュメント情報］ボタン

☆ヒント

手動で入力する

ヘッダー/フッター領域にカーソルがある状態で直接文字を入力することができます。［ホーム］タブで書式や配置を変更することもできます。

---

❸ ヘッダーに［オースティン］のクイックパーツが挿入されます。

❹ ［文書のタイトル］と表示されている部分をクリックし、「マンション広報紙」と入力します。

❺ ［ヘッダーとフッター］タブの ［フッターに移動］ボタンをクリックします。

【操作2】

❻ フッター領域にカーソルが移動したことを確認し、［ヘッダーとフッター］タブの ［ドキュメント情報］ボタンをクリックします。

❼ 一覧から［作成者］をクリックします。

[ヘッダー] ボタン

[フッター] ボタン

★ヒント
作成者のプレースホルダー
この文書には、あらかじめ作成者のプロパティに「マンション理事会」と登録しているので、プレースホルダーに表示されます。

★ヒント
ヘッダー/フッターの削除
ヘッダー/フッターを削除するには、[挿入] タブの [ヘッダー] [ヘッダー] ボタンまたは [フッター] [フッター] ボタンをクリックして、[ヘッダーの削除] または [フッターの削除] をクリックします。ヘッダーやフッターが編集状態の場合は、[ヘッダーとフッター] タブの [ヘッダー] ボタンまたは [フッター] ボタンからヘッダーやフッターを削除できます。

❽ フッターに作成者を表示するプレースホルダーが挿入され、「マンション理事会」と表示されます。

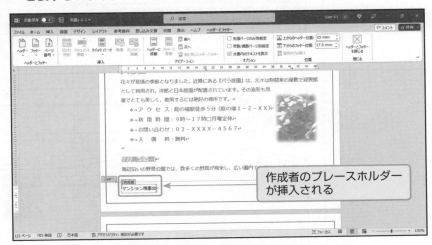

❾ [ホーム] タブの [≡] [中央揃え] ボタンをクリックします。

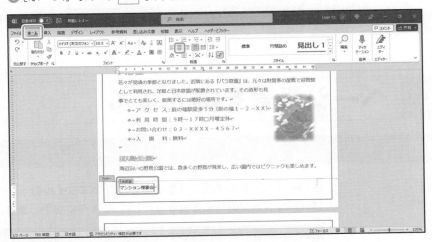

❿ [作成者] のプレースホルダーが中央に配置されます。

⓫ [ヘッダーとフッター] タブの [ヘッダーとフッターを閉じる] ボタンをクリックします。

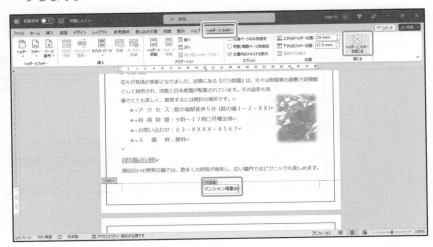

⓬ ヘッダーとフッターが挿入されたことを確認します。

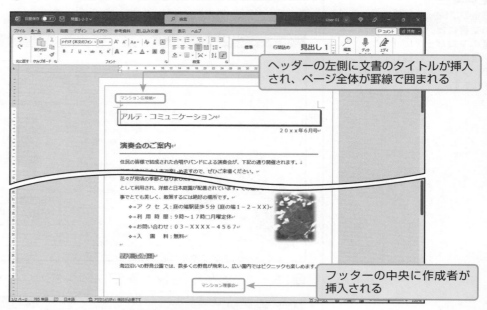

ヘッダーの左側に文書のタイトルが挿入され、ページ全体が罫線で囲まれる

フッターの中央に作成者が挿入される

1-2-4 ページ番号を挿入する

練習問題

問題フォルダー
└ 問題 1-2-4.docx

解答フォルダー
└ 解答 1-2-4.docx

【操作 1】ページの下部に「番号のみ 2」のスタイルのページ番号を挿入します。
【操作 2】ページ番号の書式を「- 1 -」のように変更します。

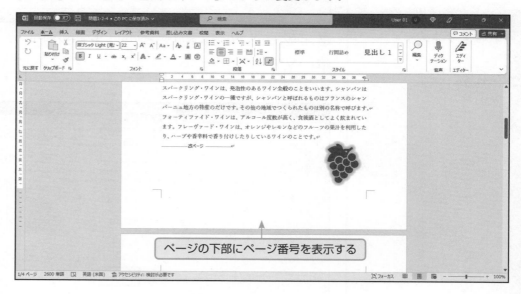

ページの下部にページ番号を表示する

機能の解説

重要用語

☐ ページ番号

☐ ［ページ番号の書式］
　ダイアログボックス

Word のページ番号は、そのページの番号を自動的に表示する機能です。文書内の自由な位置に挿入できますが、ヘッダーまたはフッターに入力することで、通常は同じセクション内のすべてのページの同じ位置に、そのページの番号が表示されるようになります。

［挿入］タブの ［ページ番号］ ボタンから、文書にさまざまなページ番号を設定できます。また、組み込みのヘッダー / フッターにもページ番号を含むデザインが何種類か用意されています。

ページ番号の書式は、漢数字やアルファベットなどの別の番号書式に変更できます。それには［ページ番号の書式］ダイアログボックスを使用します。

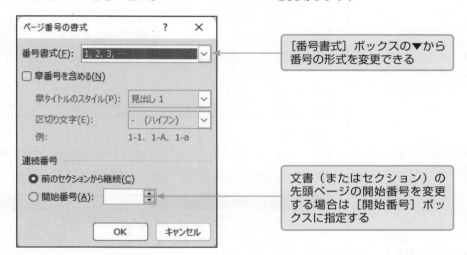

［番号書式］ボックスの▼から番号の形式を変更できる

文書（またはセクション）の先頭ページの開始番号を変更する場合は［開始番号］ボックスに指定する

なお、先頭ページにページ番号を挿入しない場合は、［開始番号］ボックスを「0」にして、［ヘッダーとフッター］タブの □ 先頭ページのみ別指定 ［先頭ページのみ別指定］チェックボックスをオンにします。

操作手順

【操作 1】

❶ ［挿入］タブの ［ページ番号］ ボタンをクリックします。

❷ ［ページの下部］をポイントします。

❸ ［シンプル］の一覧から［番号のみ 2］（上から 2 番目）をクリックします。

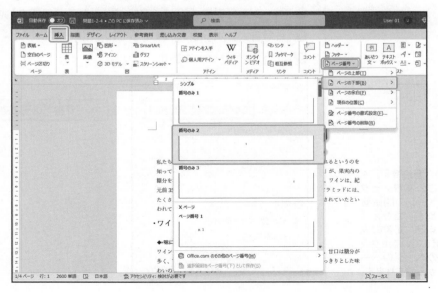

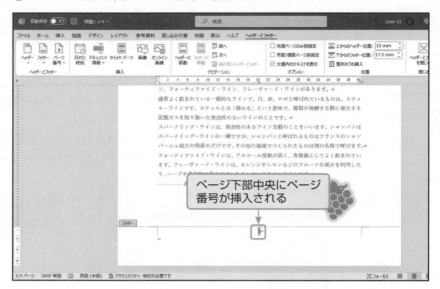

ページ下部中央にページ番号が挿入される

【操作2】

⑤ [ヘッダーとフッター] タブの 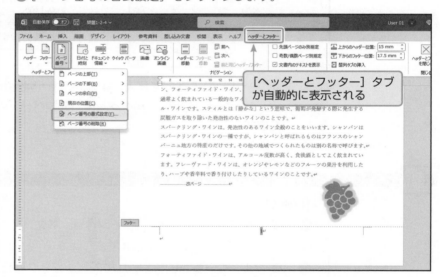 [ページ番号] ボタンをクリックします。

⑥ [ページ番号の書式設定] をクリックします。

[ヘッダーとフッター] タブが自動的に表示される

⑦ [ページ番号の書式] ダイアログボックスが表示されます。

⑧ [番号書式] ボックスの▼をクリックし、[- 1 -,- 2 -,- 3 -,…] をクリックします。

⑨ [OK] をクリックします。

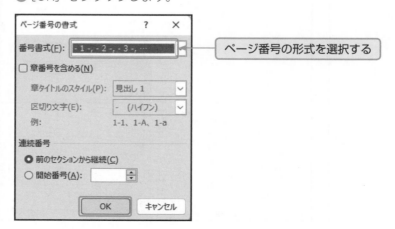

ページ番号の形式を選択する

左側のヒント・コラム:

★ヒント

[ヘッダーとフッター] タブ

ページ番号を挿入すると、ヘッダー（またはフッター）が選択され、自動的に [ヘッダーとフッター] タブが表示されます。この [ヘッダーとフッター] タブを使用して、ページ番号の編集を行います。

★ヒント

ページ番号の位置

ページ番号の位置を変更するには、[ヘッダーとフッター] タブの [位置] の [下からのフッター位置] ボックスにページの下端からの距離を指定します。

その他の操作方法

[ページ番号の書式] ダイアログボックス

[挿入] タブの [ページ番号] ボタンから [ページ番号の書式設定] をクリックしても [ページ番号の書式] ダイアログボックスを表示できます。

★ヒント

ページ番号の挿入と書式設定

この手順では、先にページ番号を挿入していますが、先に番号の書式を変更してからページ番号を挿入することもできます。

★ヒント

開始番号

[連続番号] の [開始番号] を選択すると、この文書（セクション）でのページの開始番号を指定できます。たとえば「3」と指定すると、文書の先頭（または選択しているセクション）の最初のページのページ番号が「3」から始まります。

ヒント

ページ番号の削除

ページ番号を削除したい場合は、同じ [ページ番号] ボタンをクリックし、[ページ番号の削除] をクリックします。

[ページ番号] ボタン

⑩ ページ番号の書式が変更されます。

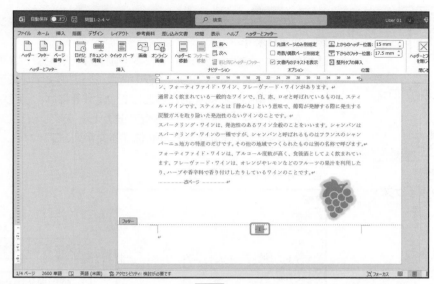

⑪ [ヘッダーとフッター] タブの [ヘッダーとフッターを閉じる] ボタンをクリックします。

1-2-5 ページの背景要素(透かし、ページ罫線)を設定する

練習問題

問題フォルダー
└問題 1-2-5.docx

解答フォルダー
└解答 1-2-5.docx

【操作 1】 ページの背景に、透かしとして「要再考」という文字を斜め方向に表示します。その際、フォントは「メイリオ」、フォントサイズは「120」、色は初期設定のままとし、半透明にはしません。

【操作 2】 ページを囲むページ罫線を挿入します。種類は任意の点線で、色は「紫」、線の太さは「1.5pt」にします。

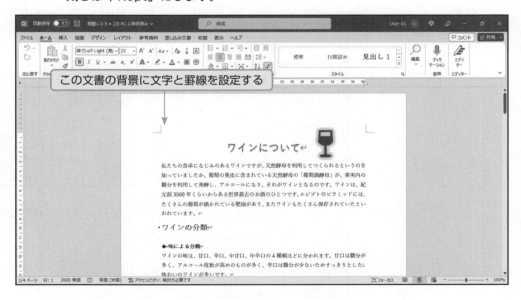

重要用語

□ 透かし
□ [透かし] ダイアログ
　ボックス
□ ページ罫線
□ [線種とページ罫線と
　網かけの設定]
　ダイアログボックス

ページの背景に書式を設定する機能として、透かし、ページ罫線、ページの色（1-2-6参照）があります。

透かしとは、文書の背景として文字や画像などを配置し、その上に本文を重ねた状態で印刷する機能です。すべてのページの背景に特定の文字を表示したい場合に、透かしを使用します。任意の文字列を透かしとして設定するには、[デザイン] タブの [透かし] ボタンをクリックし、[ユーザー設定の透かし] をクリックします。[透かし] ダイアログボックスが表示されるので、透かしにする文字列、フォント、色などを設定して挿入します。

[透かし] ダイアログボックス

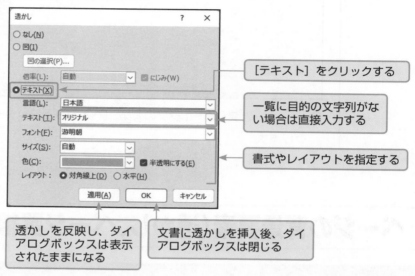

[テキスト] をクリックする

一覧に目的の文字列がない場合は直接入力する

書式やレイアウトを指定する

透かしを反映し、ダイアログボックスは表示されたままになる

文書に透かしを挿入後、ダイアログボックスは閉じる

●ページ罫線

ページの周囲の余白部分に枠を挿入することができます。この機能をページ罫線といい、罫線の太さや色、線種を指定したり、絵柄の飾り罫線を引くこともできます。ページ罫線は、[デザイン] タブの [ページ罫線] ボタンをクリックし、[線種とページ罫線と網かけの設定] ダイアログボックスで設定します。

[線種とページ罫線と網かけの設定] ダイアログボックス

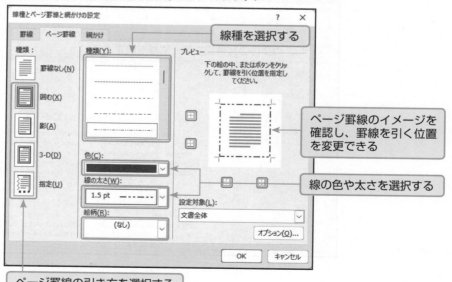

線種を選択する

ページ罫線のイメージを確認し、罫線を引く位置を変更できる

線の色や太さを選択する

ページ罫線の引き方を選択する

操作手順

【操作 1】

❶ ［デザイン］タブの □［透かし］ボタンをクリックします。

❷ ［ユーザー設定の透かし］をクリックします。

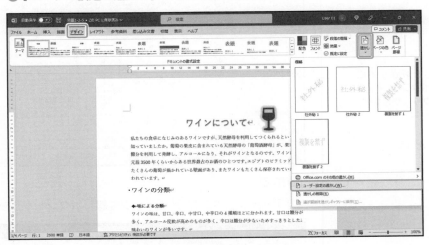

❸ ［透かし］ダイアログボックスが表示されます。

❹ ［テキスト］をクリックします。

❺ ［テキスト］ボックスに入力されている文字列を選択し、「要再考」と入力します。

❻ ［フォント］ボックスの▼をクリックし、［メイリオ］をクリックします。

❼ ［サイズ］ボックスの▼をクリックし、［120］をクリックします。

❽ ［半透明にする］チェックボックスをオフにします。

❾ ［レイアウト］の［対角線上］が選択されていることを確認します。

❿ ［OK］をクリックします。

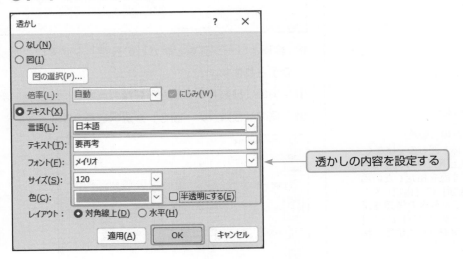

★**ヒント**

組み込みの透かし

［透かし］ボタンをクリックすると「社外秘」や「至急」「下書き」などの組み込みの透かしが表示されます。この一覧に目的の透かしがあれば選択するだけで挿入できます。

[透かしボタン画像] ［透かし］ボタン

！**ポイント**

［テキスト］ボックス

［透かし］ダイアログボックスの［テキスト］ボックスの▼をクリックすると、透かしによく使用される文字列が表示されます。この一覧にない文字列は、直接入力します。

！**ポイント**

透かしのフォントサイズ

透かしの文字を特定のサイズで表示したい場合は、［サイズ］ボックスで指定します。

★**ヒント**

画像ファイルの透かし

画像ファイルを透かしとして表示する場合は、［透かし］ダイアログボックスで［図］を選択して、［図の選択］をクリックします。次に表示される［画像の挿入］ウィンドウで背景として挿入したい画像を指定します。

第**1**章 文書の管理

1-2 文書の書式を設定する | **31**

⑪ 設定した透かしが文書の背景に表示されます。

ヒント

透かしの解除

設定した透かしを解除するには、[透かし] ボタンから [透かしの削除] をクリックします。

[透かし] ボタン

【操作 2】

⑫ [デザイン] タブの [ページ罫線] ボタンをクリックします。

⑬ [線種とページ罫線と網かけの設定] ダイアログボックスの [ページ罫線] タブが表示されます。

⑭ 中央の [種類] の一覧から任意の点線をクリックします。

⑮ 右側の [種類] の [囲む] が選択されます。

ヒント

ページ罫線の [種類]

ページ全体を囲むのではなく、ページの上下だけのように罫線を引く位置を指定したい場合は、[種類] の [指定] をクリックしてから線の種類を選択します。その後、[プレビュー] の箇所で罫線を引く位置を指定します。

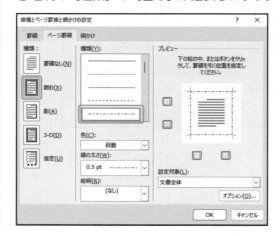

ページ罫線の位置

ページ罫線の挿入位置を指定したい場合は、[オプション]をクリックして[罫線とページ罫線のオプション]ダイアログボックスで設定します。ページの端または本文の端からページ罫線までの距離を細かく指定することができます。

⑯ [色] ボックスの▼をクリックし、[標準の色] の [紫] をクリックします。

⑰ [線の太さ] の▼をクリックし、[1.5pt] をクリックします。

⑱ [プレビュー] に指定したページ罫線が表示されていることを確認します。

⑲ [OK] をクリックします。

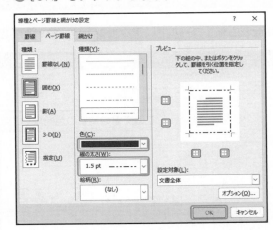

⑳ ページの周囲にページ罫線が挿入されます。

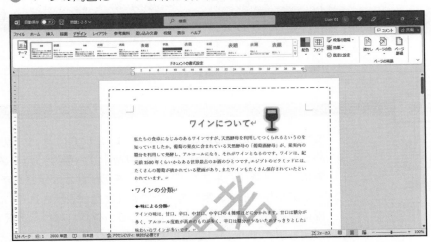

㉑ [表示] タブの [複数ページ] ボタンをクリックして複数ページを表示して確認します。

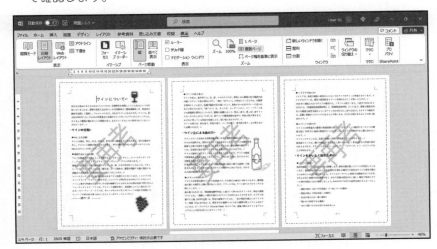

ページの背景要素（ページの色）を設定する

練習問題

問題フォルダー
└ 問題 1-2-6.docx

解答フォルダー
└ 解答 1-2-6.docx

ページの背景の色を「ゴールド、アクセント 4、白＋基本色 80％」に変更します。

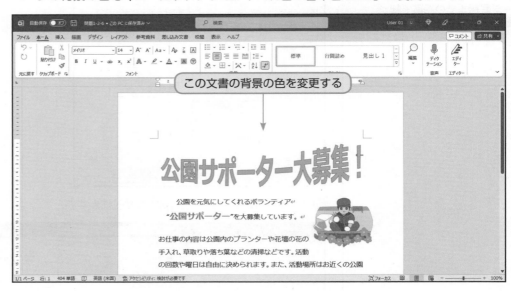

機能の解説

重要用語

□ ページの背景色
□ ［ページの色］ボタン

文書のページの背景色を変更するには、［デザイン］タブの [ページの色] ［ページの色］ボタンをクリックし、［テーマの色］や［標準の色］の一覧から色を選択します。［テーマの色］の一覧には、文書に適用されているテーマの配色が表示されます。［標準の色］の一覧は、テーマにかかわらず、常に選択できる 10 色が表示されています。色をポイントすると、画面に適用された状態が表示されるので、確認しながら選択できます。この問題では単色を設定しますが、［塗りつぶし効果］からグラデーションやテクスチャなどを設定することも可能です。

ページの色は、Word の初期設定では画面にのみ表示され印刷はされません。

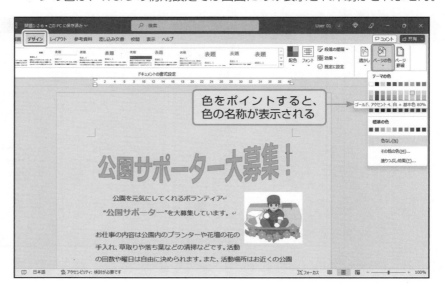

❶ [デザイン] タブの [ページの色] ボタンをクリックします。

❷ [テーマの色] の一覧から [ゴールド、アクセント 4、白＋基本色 80％] をクリックします。

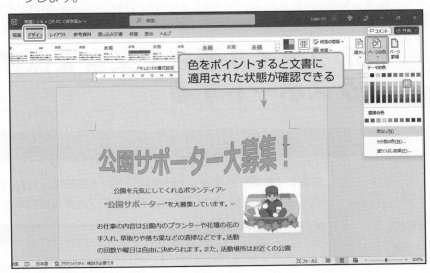

色をポイントすると文書に
適用された状態が確認できる

❸ ページの背景色が変更されます。

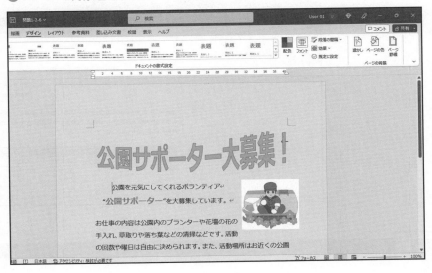

1-3 文書を保存する、共有する

ここでは、文書の保存や印刷、共有の方法を学習したり、文書の仕上げとしてファイルの属性情報を設定します。文書の保存時には、異なる環境でも表示できるように別のファイル形式で保存したり、複数の人と文書を利用する共有の機能も用意されています。

1-3-1 別のファイル形式で文書を保存する、エクスポートする

練習問題

問題フォルダー
└ 問題 1-3-1.docx

解答フォルダー
└ 都道府県別売り上げ
  実績
  （解答 1-3-1）.pdf

文書を「都道府県別売り上げ実績」という名前で、[Word365（実習用）] フォルダーにPDF 形式で保存します。なお、発行後にファイルは開かないようにします。

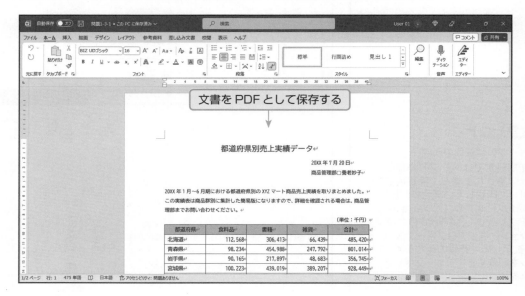

機能の解説

- □ PDF（Portable Document Format）
- □ [PDF/XPS の作成]
- □ [エクスポート] 画面
- □ [ファイルの種類の変更]

Word では、文書を他のファイル形式で保存することができます。[ファイル] タブの [エクスポート] 画面から [ファイルの種類の変更] をクリックし、右側の一覧からファイル形式を選択して、[名前を付けて保存] をクリックします。目的のファイル形式がない場合は [別のファイル形式として保存] をクリックし、次に表示される [名前を付けて保存] ダイアログボックスの [ファイルの種類] ボックスでファイルの種類を指定します。

PDF（Portable Document Format）は、文字情報や画像情報、レイアウトの情報を持った文書ファイル形式です。Adobe Reader という無料配布されているソフトウェアや Windows 11 標準のブラウザーである Microsoft Edge などで閲覧することができるため、閲覧者の環境がわからない場合など、特にインターネット上で文書を配布する際に多く用いられます。PDF ファイルは、[エクスポート] 画面にある [PDF/XPS ドキュメントの作成] の [PDF/XPS の作成] から作成できます。

［エクスポート］画面

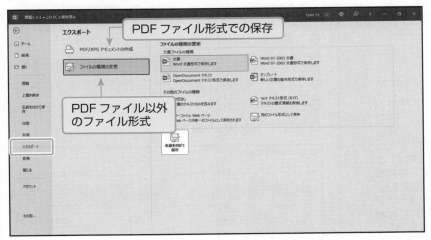

●ファイルの種類の変更

［ファイル］タブの［エクスポート］の［ファイルの種類の変更］では、Wordで編集した文書をファイルの種類を変更して保存することができます。ファイルの種類を変更することで、Wordがインストールされていない環境での編集や閲覧、Webページの形式でのインターネット上への公開などが可能になります。テキストファイルとして保存するには［書式なし］、文書のひな型となるテンプレートとして保存するには［テンプレート］を選択します。

操作手順

★ヒント

XPS

XML Paper Specificationの略で、電子ペーパー向けフォーマットとして開発されたファイル形式です。

❶［ファイル］タブの［エクスポート］をクリックします。

❷［PDF/XPS ドキュメントの作成］をクリックし、［PDF/XPS の作成］をクリックします。

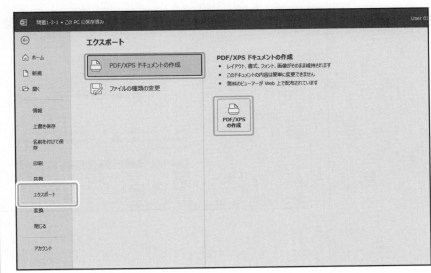

❸ ［PDF または XPS 形式で発行］ダイアログボックスが表示されます。

❹ ［ドキュメント］をクリックします。

❺ 一覧から［Word365（実習用)］をクリックし、［開く］をクリックします。

❻ ［ファイル名］ボックスに「都道府県別売り上げ実績」と入力します。

❼ ［ファイルの種類］ボックスに［PDF］と表示されていることを確認します。

❽ ［発行後にファイルを開く］チェックボックスをオフにします。

❾ ［発行］をクリックします。

❿ PDF ファイルが作成され、［Word365（実習用)］に保存されます。画面は元の Word 文書の表示に戻ります。

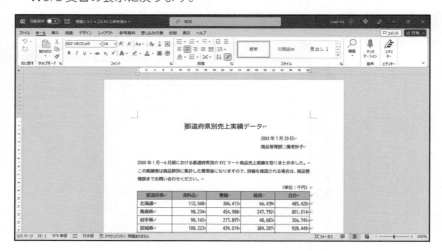

ヒント

発行後にファイルを開く

［発行後にファイルを開く］チェックボックスがオンの状態で［発行］をクリックすると、PDF ファイルを表示するアプリケーションが自動的に起動して PDF ファイルが表示されます。Windows 11 の場合、初期設定では Microsoft Edge が起動します。

ヒント

パスワードで暗号化する

PDF ファイルにパスワードを設定したい場合は、［PDF または XPS 形式で発行］ダイアログボックスの［オプション］をクリックし、［オプション］ダイアログボックスを表示します。［ドキュメントをパスワードで暗号化する］チェックボックスをオンにし、［OK］ボタンをクリックしてパスワードを入力します。

1-3-2 組み込みの文書プロパティを変更する

練習問題

問題フォルダー
└ 問題 1-3-2.docx

解答フォルダー
└ 解答 1-3-2.docx

【操作 1】文書のプロパティとして、あらかじめ設定されている［会社］の値を確認し、［分類］の値として「報告書」を設定します。

【操作 2】詳細プロパティを表示して、［キーワード］の値として「全国」と「上半期」の2つの値を設定します。

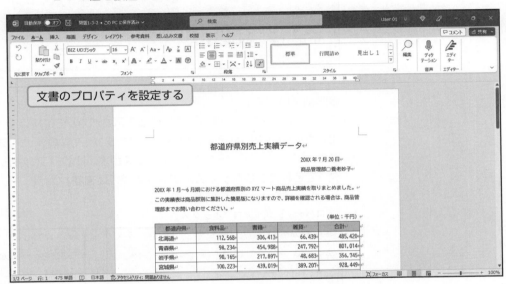

機能の解説

重要用語

□ ［ファイル］タブの［情報］
□ プロパティ
□ ［プロパティをすべて表示］

プロパティとは、文書自体に保存されているデータとは別に、文書ファイルの属性として自動的に設定されたり、あるいはユーザーが独自に設定したりできる各種の情報のことです。プロパティにはタイトル、作成日、作成者、キーワードなどがあります。プロパティを設定しておくと、ファイルの検索時やファイル内容の確認に役立ちます。設定される情報によって「タイトル」や「編集時間」といった名前が付いており、それぞれの種類に応じた値が設定されます。

Word 内では、文書のプロパティは、［ファイル］タブの［情報］画面で確認できます。初期状態ではすべてのプロパティの内容は表示されていません。［プロパティをすべて表示］をクリックすると、すべての情報を表示して確認できます。情報の種類によっては、ここでその値を入力または変更することができます。

[情報] 画面

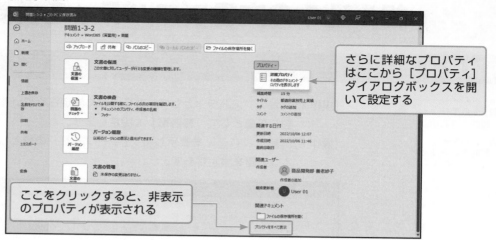

さらに詳細なプロパティ
はここから [プロパティ]
ダイアログボックスを開
いて設定する

ここをクリックすると、非表示
のプロパティが表示される

●詳細プロパティ

[ファイル] タブの [情報] 画面には表示されないプロパティもあります。それらは、[情報] 画面の [プロパティ] から表示できます。[詳細プロパティ] をクリックすると、文書の [プロパティ] ダイアログボックスが表示され、[ファイルの概要] タブや [詳細情報] タブで各種のプロパティの確認や変更が行えます。

[プロパティ] ダイアログボックス

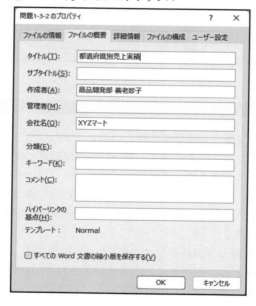

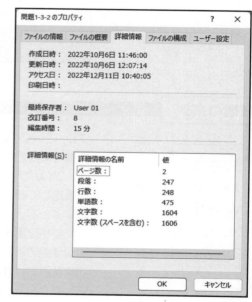

【操作1】

❶[ファイル]タブをクリックします。

❷[情報]をクリックします。

❸右下の[プロパティをすべて表示]をクリックします。

❹文書のすべてのプロパティが表示されます。[会社]ボックスの値を確認します。

❺[分類]ボックスをクリックし、「報告書」と入力します。

❻プロパティの[分類]に値が追加されます。

【操作2】

❼ 上部の［プロパティ］をクリックし、［詳細プロパティ］をクリックします。

❽ ［問題 1-3-2 のプロパティ］ダイアログボックスが表示されます。

❾ ［ファイルの概要］タブをクリックします。

❿ ［キーワード］ボックスに「全国;上半期」と入力します。

⓫ ［OK］をクリックします。

ポイント

複数値の入力

プロパティに複数の値を入力するには、値と値の間を「;」（半角のセミコロン）で区切って入力します。

⓬ プロパティの［タグ］に値が追加されます。

ポイント

［キーワード］プロパティ

［プロパティ］ダイアログボックスで入力した［キーワード］は「タグ」とも呼ばれ、［情報］画面のプロパティの［タグ］ボックスに表示されます。この［キーワード］または［タグ］の値はファイルの検索時に利用されます。たとえば、複数のファイルの「キーワード」に「上半期」のように付けておくと、同じキーワードを持つすべてのファイルをすばやく検索できるようになります。

1-3-3 印刷の設定を変更する

練習問題

問題フォルダー
 └問題 1-3-3.docx

解答フォルダー
 └解答 1-3-3.docx
解答ファイルには【操作2】の設定は保存されていません。本書に掲載した画面を参照してください。

【操作 1】文書の印刷の向きを「縦」、余白を「やや狭い」に設定します。
【操作 2】文書の 2 から 3 ページだけを A4 用紙 1 枚に横に並べて縮小印刷する設定にします。

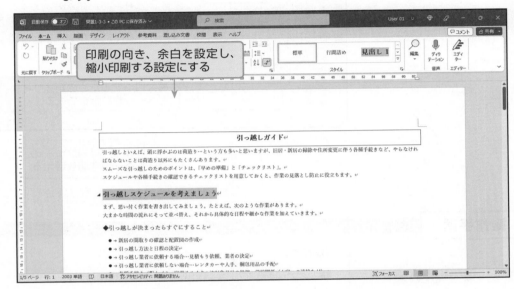

機能の解説

□ [印刷] 画面
□ 印刷の向き
□ 余白
□ 特定のページの印刷
□ 縮小印刷

[ファイル] タブの [印刷] をクリックすると、[印刷] 画面が表示されます。この [印刷] 画面では、印刷プレビューを確認しながら印刷の設定ができます。[印刷] の [設定] で、印刷の向き、余白、用紙サイズなどの設定ができます。

通常は文書のすべてのページが印刷されますが、特定のページを印刷するには、[印刷] 画面の [ページ] ボックスに印刷するページやページ範囲を指定します。1 ページと 3 ページのような連続しないページは「1,3」のようにカンマ (,) で区切り、2 ページから 4 ページのような連続する範囲は「2-4」のようにハイフン (-) を入力します。

また、[印刷] 画面の [1 ページ / 枚] をクリックすると、1 ページに印刷するページ数を指定できます。[2 ページ / 枚] なら、用紙サイズで指定した用紙 1 枚に 2 ページ分を印刷する設定になります。

［印刷］画面

印刷プレビューが
表示される

印刷時のページ番号を指定できる

拡大縮小するための用紙サイズ
とページ数を指定できる

印刷プレビューの
ページを切り替える

表示倍率を変更できる

操作手順

〉その他の操作方法〈

ショートカットキー
Ctrl + **P** キー
（［印刷］画面の表示）

【操作 1】

❶［ファイル］タブの［印刷］をクリックします。

❷［印刷］画面が表示されます。

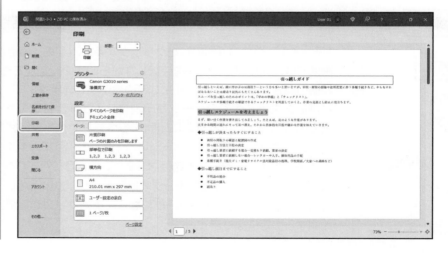

❸ [設定] の [横方向] をクリックし、一覧から [縦方向] をクリックします。

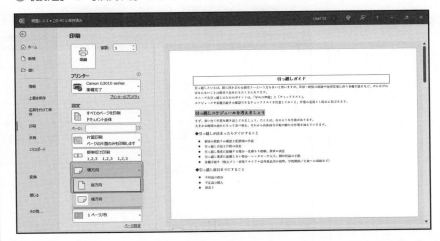

❹ [設定] の [ユーザー設定の余白] をクリックし、一覧から [やや狭い] をクリック
します。

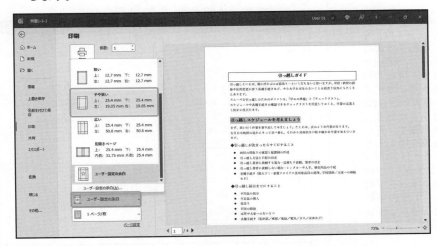

❺ 用紙の向きが「縦方向」、余白が「やや狭い」に変更されます。

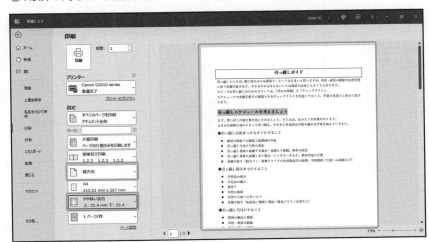

その他の操作方法
印刷の設定

[レイアウト] タブの [ページ
設定] の各ボタンでも印刷の
向きや余白などの設定ができ
ます。

ヒント
印刷の実行

設定した内容で印刷を実行す
るには、[印刷] 画面の [印刷]
をクリックします。接続されて
いるプリンターは [プリンター]
で確認できます。印刷する部
数が複数の場合は、[部数] ボ
ックスに指定します。

【操作2】

❻ [設定] の [ページ] ボックスに「2-3」と入力します。

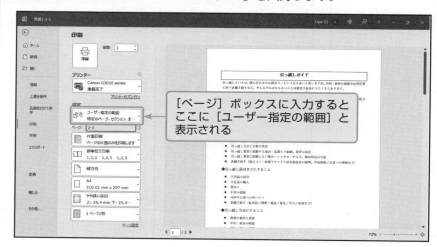

[ページ] ボックスに入力すると
ここに [ユーザー指定の範囲] と
表示される

❼ [1 ページ / 枚] をクリックし、[2 ページ / 枚] をクリックします。

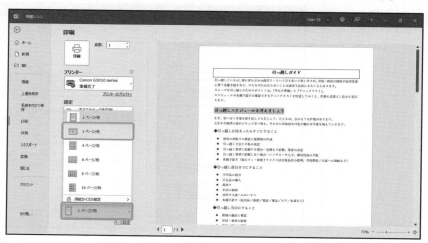

❽ 2 から 3 ページだけが 1 枚の用紙に 2 ページ分印刷される設定になります。

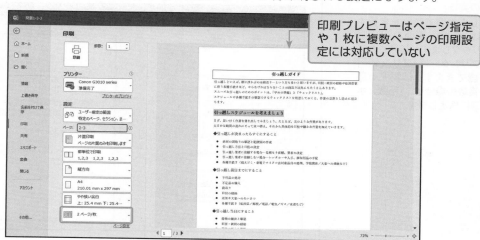

印刷プレビューはページ指定
や 1 枚に複数ページの印刷設
定には対応していない

★ヒント

拡大縮小印刷

[設定] の [1 ページ / 枚] を
クリックして [用紙サイズの
指定] をポイントし、用紙サ
イズを指定します。現在の用
紙サイズよりも大きいサイズ
を指定すれば、拡大印刷され、
小さい用紙サイズを指定すれ
ば、縮小印刷されます。元に
戻すには [倍率指定なし] を
指定します。また、[1 ページ
/ 枚] をクリックすると、1 枚
の用紙に印刷されるページ数
を指定できます。1 枚の用紙
に縮小した複数のページが並
んだ状態で印刷されます。

★ヒント

印刷の実行

設定した内容で印刷を実行す
るには、[印刷] 画面の [印刷]
をクリックします。

1-3-4 電子文書を共有する

機能の解説

重要用語

□ 文書の共有
□ OneDrive
□ 電子メールで送信
□ ブログの投稿

同じ文書を会社と自宅など異なるパソコンで使用したり、複数の人が共同で文書を編集したい場合には文書を共有する機能を利用すると便利です。あらかじめマイクロソフト社が提供している Web 上のディスク領域 OneDrive（ワンドライブ）に文書を保存しておけば、さまざまな場所からや複数の人が文書にアクセスできます。その他、Word の画面から電子メールの添付ファイルとして送信したり、OneDrive へのリンクの URL を発行する機能も用意されています。これらは、リボンの右端にある ［共有］ ボタンからウィンドウを表示して操作します。

● OneDrive 上に文書を保存したり、開いたりする
OneDrive に文書を保存するには、通常ファイルを保存するときの ［ファイル］ タブの ［名前を付けて保存］ 画面から OneDrive を選択して保存することができます。

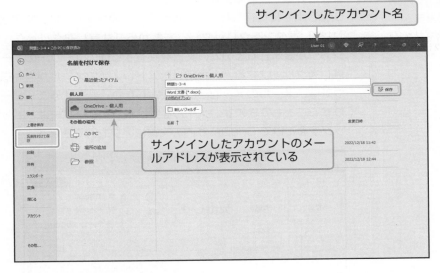

OneDrive に保存した文書を開く場合も、サインインしておけばコンピューターに保存したときと同様の操作で開くことができます。［ファイル］タブの［開く］画面に ［OneDrive – 個人用］ が表示されるので、クリックして目的のファイルを開きます。

また、OneDrive に文書を保存していない場合に画面右上にある  [共有] ボタンをクリックし、[共有] をクリックすると、次のようなウィンドウが表示されます。[OneDrive - 個人用] をクリックすると OneDrive に文書が保存され、続けて共有設定のウィンドウが表示されます。

文書を OneDrive に保存していない場合、このウィンドウが表示される

その他の操作方法

共有ウィンドウの表示
[ファイル] タブをクリックし、[共有] をクリックしても表示されます。

●複数のユーザーで文書を共有する

OneDrive に保存した文書を複数の人で編集するには、文書を開き、画面右上の [共有] ボタンをクリックし、一覧から [共有] をクリックします。共有を設定するウィンドウが表示されるので、文書を共有する他のユーザーのメールアドレスを入力して [送信] をクリックすると、指定したアドレス宛にメールが自動送信されます。このウィンドウでは、メールのメッセージを入力したり、共有するユーザーに許可する範囲を設定したりすることもできます。メールを受け取ったユーザーは、メッセージ内の [開く] をクリックするだけで OneDrive 内の文書にアクセスできます。

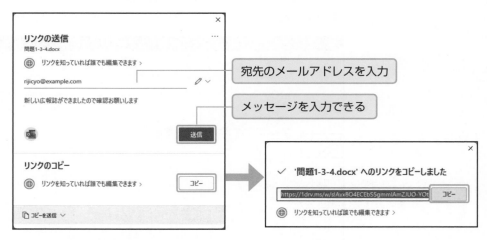

宛先のメールアドレスを入力

メッセージを入力できる

また、ウィンドウの下部にある [リンクのコピー] の [コピー] をクリックすると、共有文書へのリンクの URL が表示されます。[コピー] をクリックして URL をコピーし、メールなどに貼り付けて送ることもできます。

●電子メールに添付して送信する

[共有] 画面の [コピーを送信] をクリックすると、Word 文書や PDF ファイルに変換した文書を添付した電子メールを直接送信することができます。自動的に電子メール用のアプリが起動して、メッセージ画面が表示されます。宛先やメッセージを入力して、[送信] をクリックします。

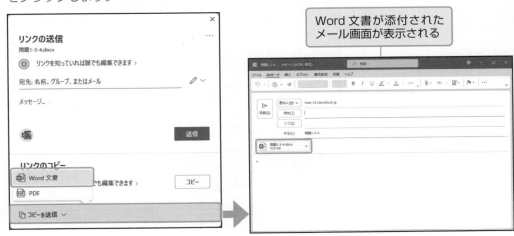

Word 文書が添付された
メール画面が表示される

●ブログの投稿

Word ではブログの文書を作成し、Word の画面からすぐに投稿することができます。ブログへの投稿は、[ファイル] タブの [新規] 画面でブログ用のテンプレートを利用して作成します。ブログを投稿するには、ブログアカウントが必要になります。最初に [ブログアカウントの登録] ダイアログボックスが表示されるので、ブログアカウントを取得している場合は、[今すぐ登録] をクリックして、次に表示される画面でプロバイダーの情報を入力します。

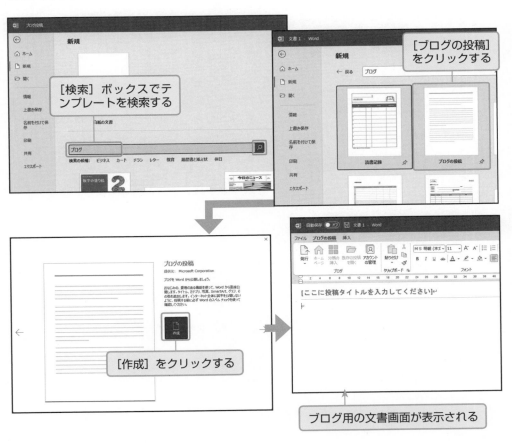

[検索] ボックスでテンプレートを検索する

[ブログの投稿] をクリックする

[作成] をクリックする

ブログ用の文書画面が表示される

ブログ投稿用の画面が表示されたら、投稿タイトルを入力し、文章や画像を挿入して体裁を整えた後、[ブログの投稿]タブの[発行]ボタンをクリックします。

ブログの投稿画面

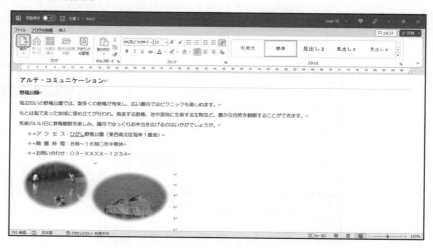

1-4 文書を検査する

Wordには、文書に個人情報やコメントなどの不要な情報が含まれていないか、読みにくい内容になっていないかを検査したり、下位バージョンのWord環境で表示したときに問題点がないかなどを調べる機能があります。仕上がった文書を配布する前に、これらの検査機能を実行して問題点があれば修正することができます。

1-4-1 隠しプロパティや個人情報を見つけて削除する

練習問題

問題フォルダー
└問題 1-4-1.docx

解答フォルダー
└解答 1-4-1.docx

【操作1】ドキュメント検査を実行します。
【操作2】この文書に含まれているコメント、文書のプロパティ、個人情報を削除します。

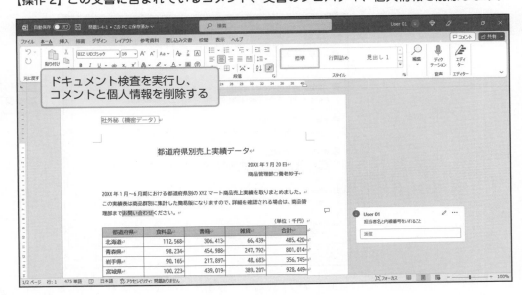

ドキュメント検査を実行し、
コメントと個人情報を削除する

機能の解説

□ ドキュメント検査
□ [問題のチェック]

ドキュメント検査の機能を使用すると、個人情報や変更履歴、コメント、隠し文字などが文書に含まれているかどうかを調べることができます。ドキュメント検査を実行して、第三者に知られたくないデータが見つかった場合は、必要に応じて削除することができます。文書が完成したら、配布する前にドキュメント検査を実行するとよいでしょう。ドキュメント検査で発見できるおもな項目は以下になります。

項目	発見できる内容の例
コメント、変更履歴、バージョン	コメント、文書のバージョン情報、変更履歴や校閲者名が含まれていないかどうかがチェックされます。
ドキュメントのプロパティと個人情報	文書のタイトル、作成者、最終保存者などのプロパティや個人情報が含まれていないかどうかがチェックされます。
ヘッダー、フッター、透かし	ヘッダーやフッターに社名やページ番号が挿入されていたり、「社外秘」などの透かしを入れていたりしないかどうかがチェックされます。
隠し文字	隠し文字が含まれていないかどうかがチェックされます。編集記号をオフにしていると隠し文字が非表示になっている場合があります。

ドキュメント検査は、[ファイル] タブの [情報] 画面の [問題のチェック] の [ドキュメント検査] から実行します。

[ドキュメントの検査] ダイアログボックス

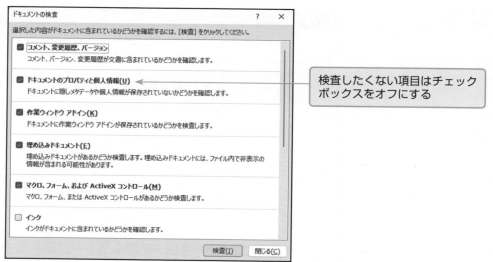

検査したくない項目はチェックボックスをオフにする

ドキュメント検査で、文書のプロパティと個人情報を削除した場合、それ以降はファイルの保存時に文書プロパティと個人情報が自動的に削除される設定になります。これらの情報を再び保存できるようにするには、[情報] 画面で [ドキュメント検査] の[これらの情報をファイルに保存できるようにする] をクリックします。

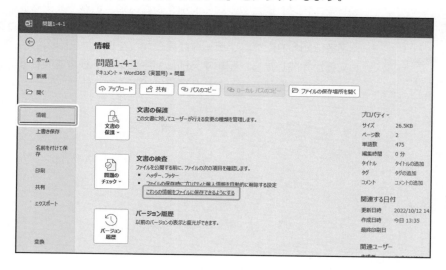

操作手順

【操作1】

❶ 文書にヘッダーやコメントが挿入されていることを確認し、[ファイル] タブをクリックします。

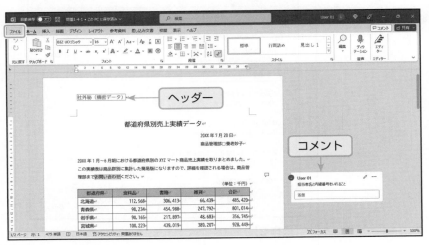

❷ [情報] をクリックします。

❸ [問題のチェック] をクリックします。

❹ [ドキュメント検査] をクリックします。

❺ [ドキュメントの検査] ダイアログボックスが表示されます。

❻ [インク] 以外のチェックボックスがオンになっていることを確認します。

❼ [検査] をクリックします。

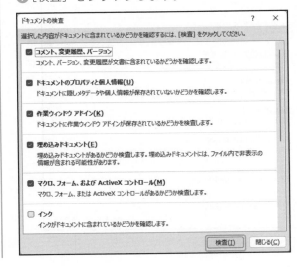

★ヒント

コメントの表示

コメントは文書に注釈を付ける機能で、通常は右余白に吹き出しで表示されます。複数のコメントがあるときは [校閲] タブの [コメント] の [次へ] ボタン、[前へ] ボタンでコメント間を移動できます。右図のようにコメントが表示されていない場合は、[校閲] タブの [コメントの表示] ボタンをクリックして表示してください。

★ヒント

文書のプロパティと個人情報

[ファイル] タブの [情報] 画面の右側に、文書のプロパティのタイトルや作成者などの情報が表示されています。

1-4 文書を検査する 53

⑧ ドキュメント検査が実行され、検査結果からコメントと文書のプロパティと作成者、さらにヘッダーとフッターが見つかったことを確認します。

【操作 2】

⑨ [コメント、変更履歴、バージョン] の右側の [すべて削除] をクリックします。

⑩ 続けて [ドキュメントのプロパティと個人情報] の右側の [すべて削除] をクリックします。

⑪ コメントと文書のプロパティと作成者が削除されたことを確認します。

⑫ スクロールして、[ヘッダー、フッター、透かし]は削除されていないことを確認します。

⑬ [閉じる] をクリックします。

⑭ [ファイル] タブの [情報] 画面で作成者情報と最終更新者情報が削除されている
ことを確認します。

⑮ **Esc** キーを押して [ホーム] タブを表示します。

⑯ コメントが削除されていることを確認します。

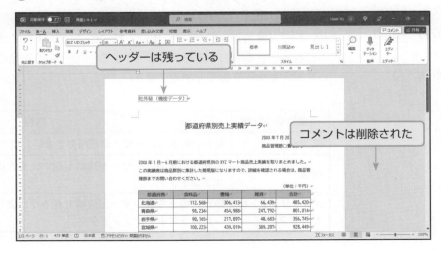

アクセシビリティに関する問題を見つけて修正する

問題フォルダー
└問題 1-4-2.docx

解答フォルダー
└解答 1-4-2.docx

【操作 1】アクセシビリティチェックを実行します。

【操作 2】表に関するエラーを修正します。その他のエラーはそのままにします。

【操作 3】自動的に生成された図の代替テキストを「ぶどう畑とワインのイラスト」に変更します。

機能の解説

□ アクセシビリティチェック
□ 代替テキスト
□ [おすすめアクション]
□ [タイトル行]
　チェックボックス

アクセシビリティチェックとは、障がいがあるユーザーが文書を使うときに問題が生じないかどうかを調べる機能です。音声読み取りソフトを使用している場合などに図や表などが正しく読み取りできるか、認識しにくいデータが含まれていないかを検査します。

検査は［校閲］タブの［アクセシビリティチェック］ボタンをクリックすると実行されます。検査結果は［アクセシビリティ］作業ウィンドウに表示されます。見つかった問題は、［エラー］［警告］［インテリジェントサービス］の 3 つに分類されて、項目をクリックすると表示される［おすすめアクション］から選択して変更したり、理由や修正方法を確認して問題を解決することができます。

検査結果の分類	内容
エラー	障がいのあるユーザーが理解できない、または読み取れないオブジェクト
警告	障がいのあるユーザーが理解し難い、または読み取りにくい可能性が高いオブジェクト
インテリジェントサービス	障がいのあるユーザーが理解できるが、よりわかりやすくするために改善したほうがよいオブジェクト

[アクセシビリティ] 作業ウィンドウ

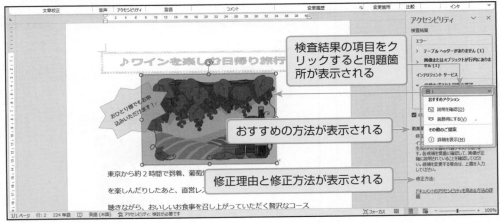

●表に関するエラー

[アクセシビリティ] 作業ウィンドウに「テーブルヘッダーがありません」が表示された
場合は、表の列見出しが設定されていないため音声読み上げソフトで認識されないという
エラーです。修正するには、クリックすると表示される [おすすめアクション] から選択
するか、[テーブルデザイン] タブの [タイトル行] チェックボックスをオンにします。

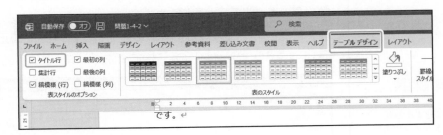

●代替テキストの設定

代替テキストとは、音声読み上げソフトを使用している場合や Web ブラウザーで画像を
表示できない場合に画像などの要素の内容を表示する文章のことです。画像や SmartArt
などのオブジェクトに自動で代替テキストが追加されているので [代替テキスト] 作業ウ
ィンドウで確認し、必要があれば修正します。

操作手順

その他の操作方法
アクセシビリティチェック
[ファイル] タブの [情報] 画
面の [問題のチェック] の [ア
クセシビリティチェック] をク
リックしても実行できます。

【操作 1】

❶ [校閲] タブの [アクセシビリティチェック] ボタンをクリックします。

❷ [アクセシビリティ] 作業ウィンドウに検査結果が表示されます。

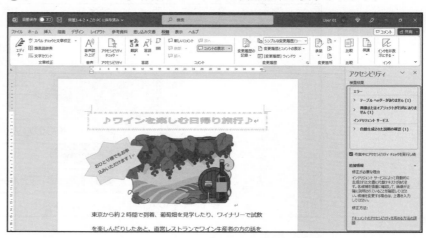

【操作2】

❸ [アクセシビリティ] 作業ウィンドウの [エラー] の [テーブルヘッダーがありま
せん] をクリックします。

❹ 下に表示される [表] をクリックします。

❺ 対象の表の1行目が選択されます。

❻ 作業ウィンドウの [追加情報] の修正が必要な理由と修正方法を確認します。

❼ [おすすめアクション] の [最初の行をヘッダーとして使用] をクリックします。

<img: その他の操作方法>

表のタイトル行
表内にカーソルを移動すると表
示される [テーブルデザイン] タ
ブの [タイトル行] チェックボックス
をオンにします。

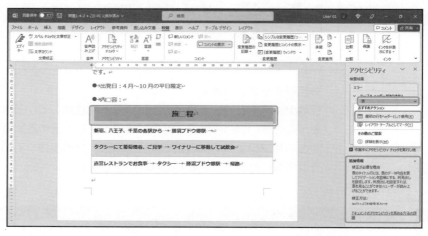

❽ 表に列見出しが設定され、[アクセシビリティ] 作業ウィンドウの [テーブルヘッダー
がありません] の表示がなくなります。

<img: ヒント>

表の書式
表に罫線や網掛けなどをまとめて
設定する表のスタイルを適用して
いる場合は [タイトル行] チェッ
クボックスをオンにすると表の1
行目に自動的に書式が設定され
ます。

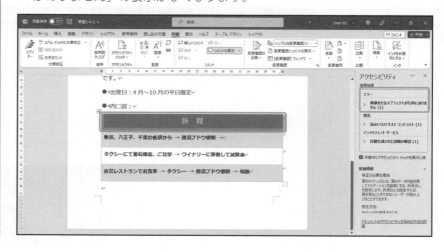

❾ ［警告］の［読み取りにくいテキストコントラスト］をクリックします。

❿ 下に表示される［旅程］をクリックします。

⓫ 表の1行目の文字が選択されます。

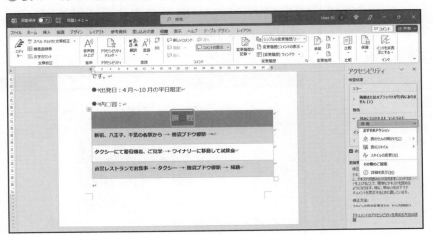

⓬ ［ホーム］タブをクリックします。

⓭ ［フォントの色］ボタンの▼をクリックして、［自動］をクリックします。

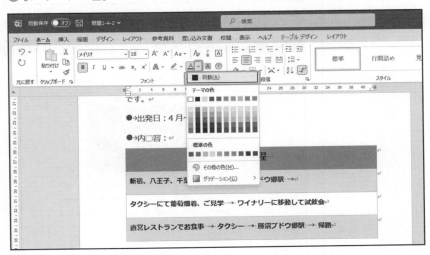

⓮ 表の1行目の文字の色が変更され、［アクセシビリティ］作業ウィンドウの［警告］
の表示がなくなります。

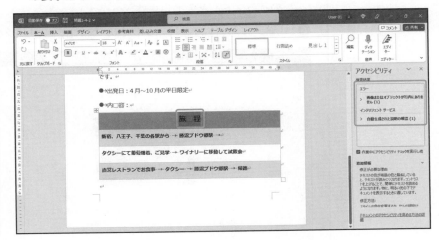

【操作3】

⓯ ［アクセシビリティ］作業ウィンドウの［インテリジェント サービス］の［自動生成された説明の確認］をクリックします。

⓰ 下に表示される［図1］をクリックします。

⓱ 対象の画像が選択されます。

⓲ ［おすすめアクション］の［説明を確認］をクリックします。

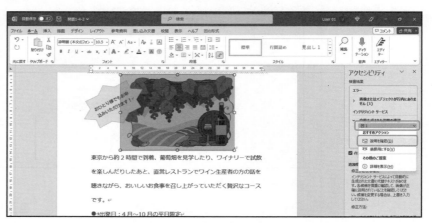

⓳ ［代替テキスト］作業ウィンドウが表示されます。

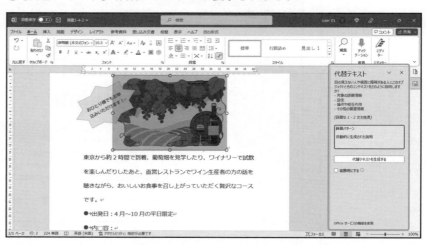

⓴ 作業ウィンドウの自動生成された代替テキストをすべて削除して「ぶどう畑とワインのイラスト」と入力します。

㉑ ［代替テキスト］作業ウィンドウの ✕ 閉じるボタンをクリックします。

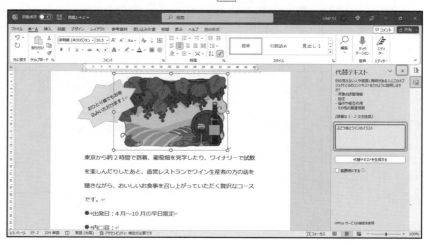

（左欄外）

◆◆ その他の操作方法 ◆

［代替テキスト］
作業ウィンドウの表示

選択された図を右クリックして、ショートカットメニューの［代替テキストを表示］をクリックしても表示できます。

★ ヒント

エラーの内容

作業ウィンドウの [エラー] に表示されている [画像またはオブジェクトが行内にありません。] とは、図などの文字列の折り返しが [行内] 以外に設定されていると表示されます。文字列の折り返しを [行内] に変更すると表示は消えます。

㉒ [アクセシビリティ] 作業ウィンドウの [自動生成された説明の確認] の表示がなくなります。

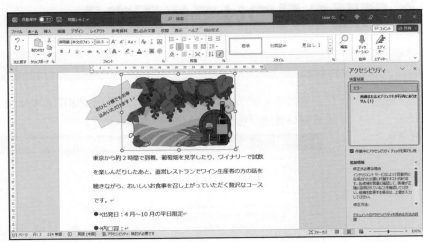

※ 解答操作が終了したら、 ☒ 閉じるボタンをクリックして [アクセシビリティ] 作業ウィンドウを閉じます。

1-4-3　下位バージョンとの互換性に関する問題を見つけて修正する

練習問題

問題フォルダー
└問題 1-4-3.docx

解答ファイルはありません。本書に掲載した画面を参照してください。

互換性チェックを実行し、文書に、Word 2007 と Word 2010 のバージョンでは利用できない機能が含まれていないかを調べます。

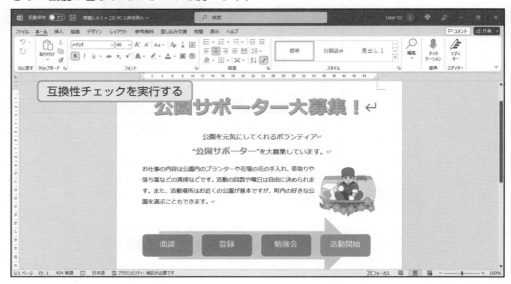

機能の解説

□ 互換性チェック
□ [Microsoft Word 互換性チェック] ダイアログボックス
□ [問題のチェック]
□ 互換モードから変換

Word 365 で作成した文書を旧バージョンの Word で開いた場合、サポートされていない機能は自動的に無効になったり、別の機能に置き換えられたりします。互換性チェックを利用すると、事前に旧バージョンの Word で使用できない機能が含まれていないかとその件数を調べることができます。互換性チェックは、[ファイル] タブの [問題のチェック] から実行し、[Microsoft Word 互換性チェック] ダイアログボックスに概要が表示されます。

[Microsoft Word 互換性チェック] ダイアログボックス

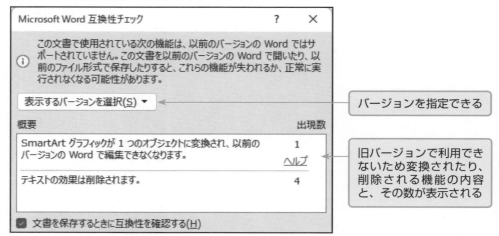

なお、旧バージョンの Word 用に変換される機能がない場合は、「互換性の問題は見つかりませんでした」と表示されます。

●互換モードから変換する

Word 365 で、Word 2010 以前のバージョンで作成された文書を開くと、通常はタイトルバーに「互換モード」と表示されます。Word 365 の新機能が使用できない互換モードのままで文書を利用することはできますが、Word 365 のファイル形式に変換することもできます。

[情報] 画面の [変換] をクリックして行います。次に表示されるファイル形式の変更に関するメッセージで [OK] をクリックすると、互換モードが解除され、Word 365 のレイアウトに変換されます。

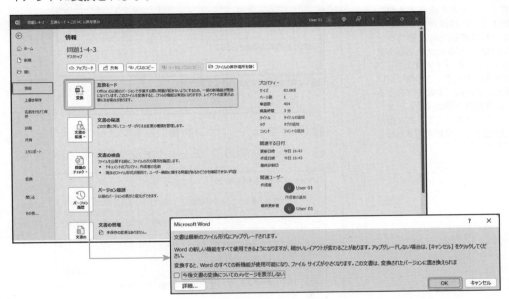

操作手順

❶ [ファイル] タブをクリックします。

❷ [情報] をクリックします。

❸ [問題のチェック] をクリックします。

❹ [互換性チェック] をクリックします。

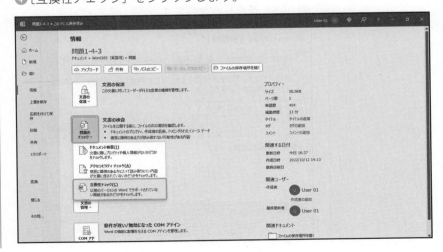

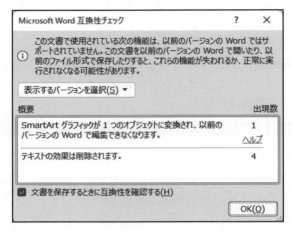

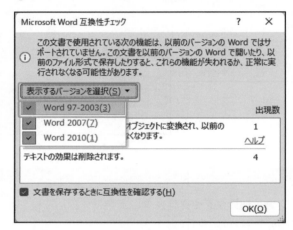

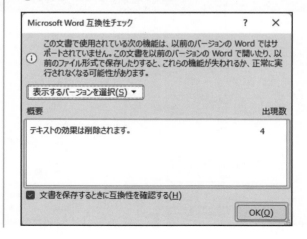

⑤ [Microsoft Word 互換性チェック] ダイアログボックスが表示されます。

⑥ [概要] ボックスに旧バージョンでサポートされていない機能が表示されます。

★ヒント
[概要] に表示された機能
この文書には、1 行目に文字の効果が設定されており、文書の中央部に SmartArt が挿入されています。

★ヒント
互換性チェックの自動実行
初期設定では、Word 97-2003 形式でファイルを保存する際に使用できない機能が含まれている場合には自動的に互換性チェックが働き、[Microsoft Word 互換性チェック] ダイアログボックスが表示されます。このダイアログボックス内の [文書を保存するときに互換性を確認する] チェックボックスをオフにすると次回から互換性チェックが実行されなくなります。

⑦ [表示するバージョンを選択] をクリックします。

⑧ [Word 97-2003] チェックボックスをオフにします。

⑨ [概要] ボックスに Word 2007 と Word 2010 で対応していない機能が表示されます。

⑩ [OK] をクリックします。

2

文字、段落、セクションの挿入と書式設定

☐ 文字列を挿入する

☐ 文字列や段落の書式を設定する

☐ 文書にセクションを作成する、設定する

2-1 文字列を挿入する

ここでは、特定の文字列を検索して別の語句に変更する置換機能と、キーボードからは入力できない記号や機種依存文字や制御文字などの特殊文字を挿入する方法を学習します。

2-1-1 文字列を検索する、置換する

練習問題

問題フォルダー
└ 問題 2-1-1.docx

解答フォルダー
└ 解答 2-1-1.docx

【操作 1】「検索と置換」の機能を利用して、文書内の文字列「温度」を順番に検索し、「気温」に置換します。

【操作 2】文書内のすべての「頂上」を「山頂」にまとめて置換します。

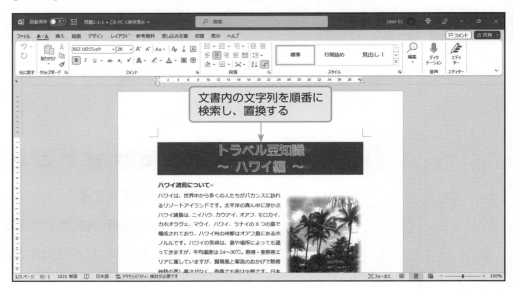

機能の解説

□ 検索
□ 置換
□ [検索と置換] ダイアログ
　 ボックス

[検索と置換] ダイアログボックスを使用すると、指定した文字列を順番に検索したり、別の文字列に置き換えたりすることができます。[検索と置換] ダイアログボックスは [ホーム] タブの [置換] [置換] ボタンをクリックして表示します。[置換] タブの [検索する文字列] ボックスに検索する文字列を入力し、[置換後の文字列] ボックスには変更後の文字列を入力します。順番に検索していくときは [次を検索] をクリックし、[置換後の文字列] ボックスに入力した文字列に変換するには [置換] をクリックします。

また、該当箇所を 1 か所ずつ確認せずに、すべての該当箇所をまとめて置換することもできます。[検索と置換] ダイアログボックスの [すべて置換] をクリックします。文書全体を対象として置換が実行され、実行結果の件数を表示する画面が表示されます。

●検索された箇所の強調表示

［すべて置換］を実行すると、文書全体から検索する文字列を探し出してすべての該当箇所を置換します。該当する箇所をあらかじめ確認しておきたい場合は、［検索と置換］ダイアログボックスの［検索］タブで［検索する文字列］ボックスに入力し、［検索された項目の強調表示］の［すべて強調表示］を実行しておくとよいでしょう。

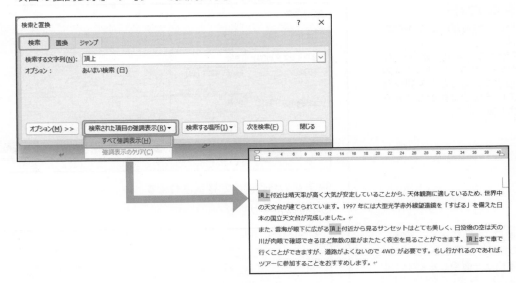

操作手順

★ヒント

検索の方向

カーソルの位置から下方向に検索が実行され、文書の末尾まで検索したら先頭に戻り、引き続きカーソルのある位置の直前まで文書全体が検索されます。

その他の操作方法

ショートカットキー

Ctrl + H キー

（［検索と置換］ダイアログボックスの［置換］タブの表示）

【操作 1】

❶ 1 行目の行頭にカーソルが表示されていることを確認します。

❷ ［ホーム］タブの ［編集］ボタンをクリックし、 ［置換］ボタンをクリックします。

❸ [検索と置換] ダイアログボックスの [置換] タブが表示されます。

❹ [検索する文字列] ボックスに「温度」と入力します。

❺ [置換後の文字列] ボックスに「気温」と入力します。

❻ [次を検索] をクリックします。

⚠️ポイント

履歴の文字列が残っている場合は

[検索する文字列] ボックス、[置換後の文字列] ボックス内に以前に入力した文字列が残っている場合は削除してから入力し直します。

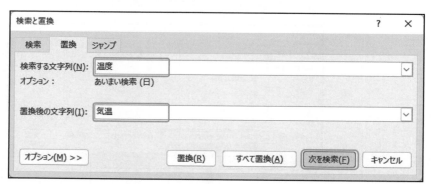

❼ 最初の検索箇所が選択されます。

❽ [置換] をクリックします。

⭐️ヒント

1 か所ずつ確認する

検索箇所を置換したくない場合は [次を検索] をクリックし、置換してよければ [置換] をクリックします。

❾ 置換が実行され、次の検索箇所が選択されます。

❿ [置換] をクリックしながら、残りの文書内を検索して置換します。

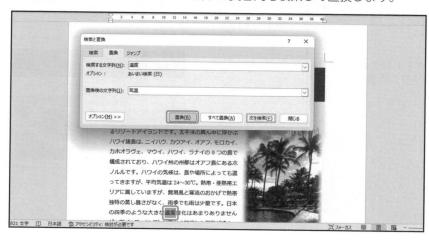

⓫ 文書の最後まで検索すると、「文書の検索が終了しました。」というメッセージが表示されるので、[OK] をクリックします。

【操作2】

⓬ [検索と置換] ダイアログボックスの [検索する文字列] ボックスに「頂上」と入力します。

⓭ [置換後の文字列] ボックスに「山頂」と入力します。

⓮ [すべて置換] をクリックします。

⓯ すべて置換が終了すると、「完了しました。〇個の項目を置換しました。」というメッセージが表示されるので、[OK] をクリックします。

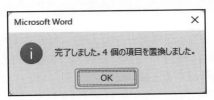

⓰ [検索と置換] ダイアログボックスの [閉じる] をクリックして、指定した文字列が置換されていることを確認します。

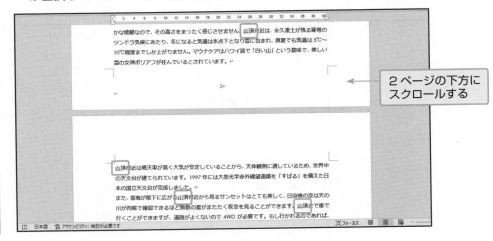

2ページの下方にスクロールする

2-1-2 記号や特殊文字を挿入する

練習問題

問題フォルダー
└問題 2-1-2.docx

解答フォルダー
└解答 2-1-2.docx

【操作 1】 1 番目の表の左から 2 番目のセルに通貨記号の「€」を記号と特殊文字の一覧から入力します。

【操作 2】 2 番目の表の「和亜土」の後ろに商標の「™」を特殊文字で入力します。

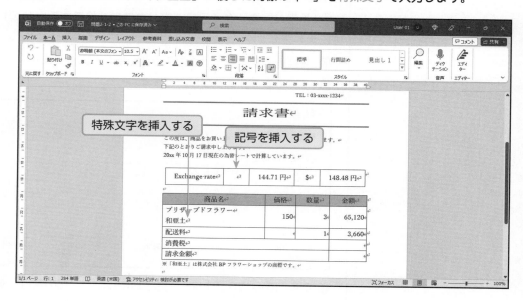

機能の解説

□ 記号
□ 特殊文字
□ [記号と特殊文字]
　ダイアログボックス

著作権を表す「©」や登録商標マークの「®」、商標の「™」、通貨記号の「£」や「€」などのキーボードにはない記号や特殊文字を入力するには、[記号と特殊文字] ダイアログボックスの一覧から選択すると便利です。

[記号と特殊文字] ダイアログボックスは、[挿入] タブの [Ω 記号と特殊文字∨] [記号と特殊文字] ボタンの [その他の記号] をクリックして表示します。[記号と特殊文字] タブでは、フォントや種類を指定して一覧から記号や文字を選択できます。

[記号と特殊文字] ダイアログボックス

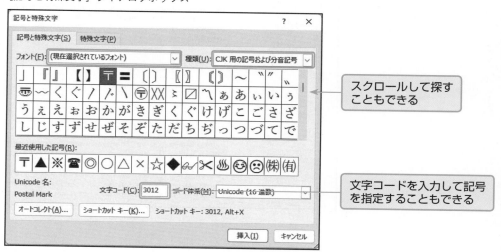

［特殊文字］タブでは、コピーライトや登録商標、商標の記号を選択できます。

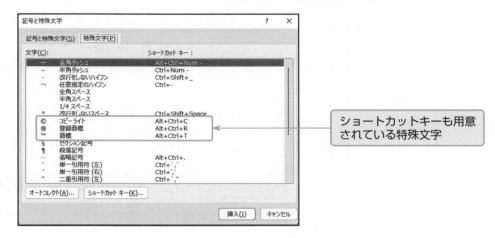

ショートカットキーも用意
されている特殊文字

操作手順

★ヒント

［記号と特殊文字］ボタン

［記号と特殊文字］ボタンのす
ぐ下に表示される一覧には、
よく使用されるまたは最近使
用した記号や特殊文字が表示
されます。

【操作 1】

❶ 1 番目の表の左から 2 番目のセルにカーソルを移動します。

❷ ［挿入］タブの [Ω 記号と特殊文字 ˅] ［記号と特殊文字］ボタンをクリックし、［その他の記号］
をクリックします。

❸ ［記号と特殊文字］ダイアログボックスの［記号と特殊文字］タブが表示されます。

❹ ［フォント］ボックスの▼をクリックし、［(現在選択されているフォント)］をクリッ
クします。

★ヒント

［フォント］ボックス

［フォント］ボックスの▼から
フォントを変更することができ
ます。フォントを切り替えると
表示される記号が変わります。

❺ ［種類］ボックスの▼をクリックし、［通貨記号］をクリックします。

❻ 一覧から［€］をクリックします。

❼ ［挿入］をクリックします。

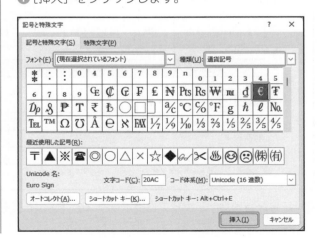

⑧ カーソルの位置に「€」が挿入されます。

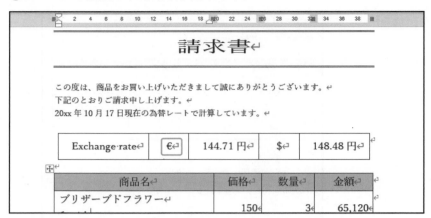

【操作2】

⑨ ［記号と特殊文字］ダイアログボックスを表示したまま、2番目の表の「和亜土」の後ろをクリックしてカーソルを移動します。

⑩ 表示されている［記号と特殊文字］ダイアログボックスの［特殊文字］タブをクリックします。

⑪ 一覧の［TM　商標］をクリックします。

⑫ ［挿入］をクリックします。

その他の操作方法

商標の入力

［特殊文字］タブに表示される一覧の文字は、［ショートカットキー］を覚えて入力すると便利です。商標の入力なら、**Alt** + **Ctrl** + **T** キーです。

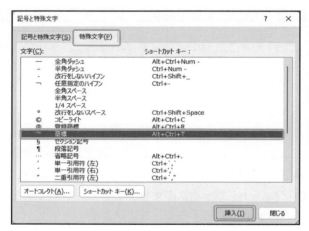

⑬ カーソルの位置に商標記号が挿入されます。

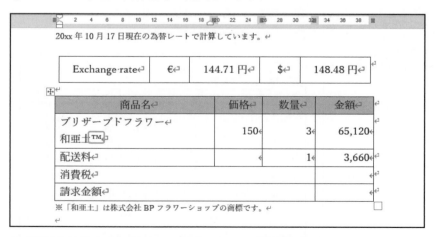

⑭ ［記号と特殊文字］ダイアログボックスの［閉じる］をクリックします。

2-2 文字列や段落の書式を設定する

文字列や段落にはさまざまな書式が用意されています。影や反射といった効果を設定して文字を目立たせたり、段落の位置や間隔を変更して読みやすくすることができます。また、同じ書式を繰り返し利用したい場合は、書式をコピーして貼り付けたり、書式をまとめて登録したスタイルという機能を利用すると便利です。

2-2-1 文字の効果を適用する

練習問題

問題フォルダー
└問題 2-2-1.docx

解答フォルダー
└解答 2-2-1.docx

【操作 1】3 行目「開講 10 周年」から 4 行目「…のお知らせ」に「塗りつぶし：白；輪郭：青、アクセントカラー 5；影」（または「塗りつぶし - 白、輪郭 - アクセント 5、影」）の文字の効果を設定します。

【操作 2】19 行目「ビンゴ大会などの楽しい催し」に「光彩：5pt；オレンジ、アクセントカラー 2」の文字の効果を設定します。

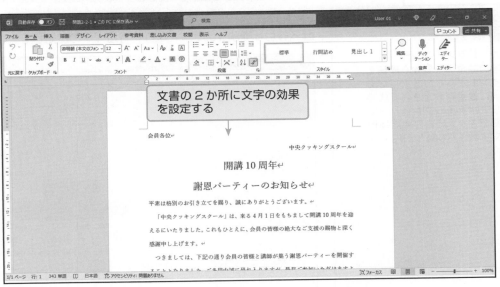

機能の解説

□ 文字書式
□ 文字の効果
□ [文字の効果と体裁]
　ボタン

文字単位で設定する書式を文字書式といい、フォントやフォントサイズ、太字、斜体などさまざまな種類が用意されています。よく使用される文字書式は、[ホーム] タブの [フォント] グループのボタンからすぐに選択ができます。

[ホーム] タブの [A▾] [文字の効果と体裁] ボタンを使用すると、スタイルの一覧から選択したり、影や反射、鮮やかな色どりの光彩などを個別に設定して、選択した文字列をより引き立たせることができます。

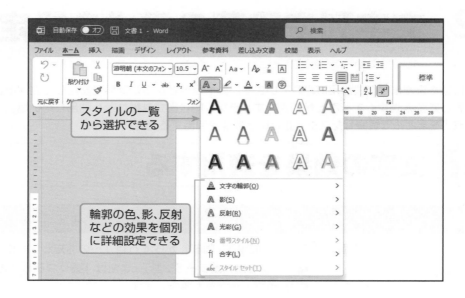

スタイルの一覧から選択できる

輪郭の色、影、反射などの効果を個別に詳細設定できる

操作手順

【操作1】

❶ 3行目「開講10周年」から4行目「…のお知らせ」を選択します。

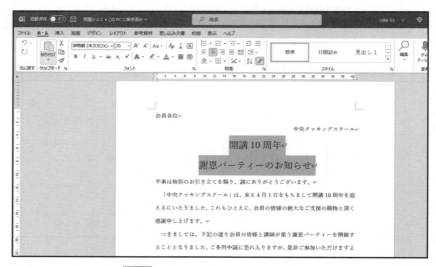

❷ ［ホーム］タブの **A▾** ［文字の効果と体裁］ボタンをクリックします。

❸ ［塗りつぶし：白：輪郭：青、アクセントカラー5：影］（または［塗りつぶし - 白、輪郭 - アクセント5、影］）の文字の効果をクリックします。

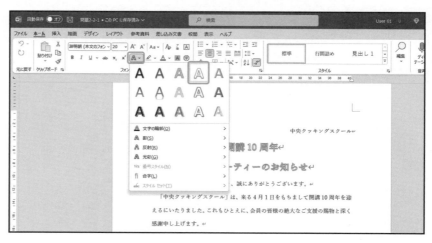

❹範囲選択を解除して、3 行目と 4 行目に文字の効果が設定されたことを確認します。

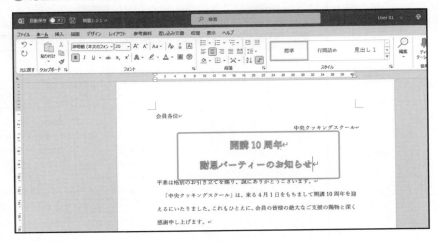

【操作 2】

❺19 行目「ビンゴ大会などの楽しい催し」を選択します。

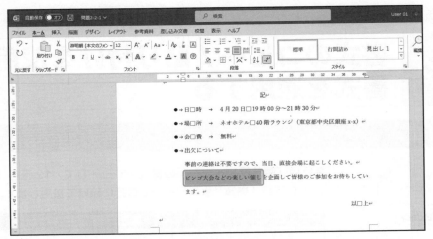

❻[ホーム] タブの [A▼] [文字の効果と体裁] ボタンをクリックします。

❼[光彩] をポイントし、[光彩の種類] の [光彩：5pt：オレンジ、アクセントカラー 2] をクリックします。

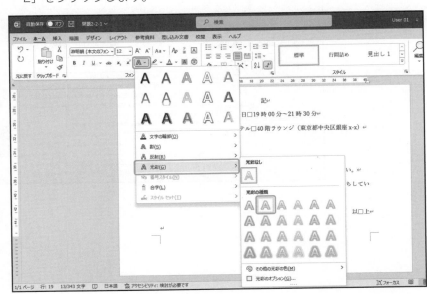

❽範囲選択を解除して、「ビンゴ大会などの楽しい催し」に文字の効果の光彩が設定
　されたことを確認します。

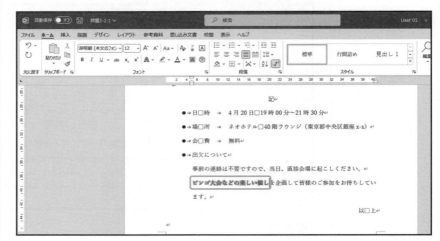

2-2-2　書式のコピー / 貼り付けを使用して、書式を適用する

練習問題

問題フォルダー
　└問題 2-2-2.docx

解答フォルダー
　└解答 2-2-2.docx

2 行目「■草原ゾーン…」の書式をコピーして、12 行目「小動物ゾーン」の行と 2 ページの 6 行目「鳥類・水系ゾーン」の行に続けて適用します。

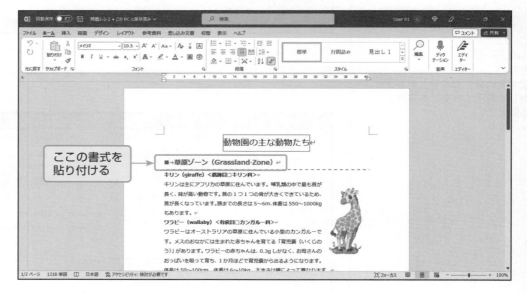

ここの書式を
貼り付ける

機能の解説

重要用語

□ 書式のコピー / 貼り付け

文字列や段落に設定されている書式だけをまとめてコピーし、別の場所の文字列や段落に貼り付けることができます。複数の書式を設定するのは手間がかかりますが、すでに書式が設定されている箇所を利用すれば、他の箇所にすぐ適用できます。

書式をコピーするには、範囲を選択して[ホーム]タブの 🖌 [書式のコピー / 貼り付け]ボタンをクリックします。マウスポインターの形状が 🖌 に変わるので、次に書式の適用先をドラッグします。

操作手順

ポイント
複数箇所への書式のコピー
複数箇所に書式を貼り付ける場合は、🖌 [書式のコピー / 貼り付け]ボタンをダブルクリックします。マウスポインターの形状が 🖌 のままになり、連続して書式の貼り付けができます。

❶ 2 行目「■草原ゾーン…」を選択します。

❷ [ホーム] タブの 🖌 [書式のコピー / 貼り付け] ボタンをダブルクリックします。

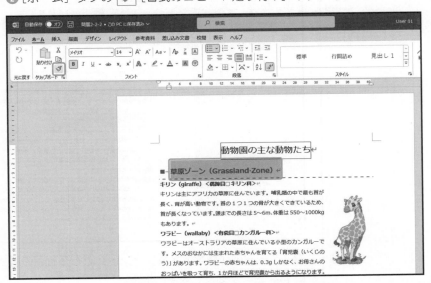

❸ マウスポインターの形状が 🖌 に変わっていることを確認し、12 行目「小動物ゾーン…」をドラッグします。

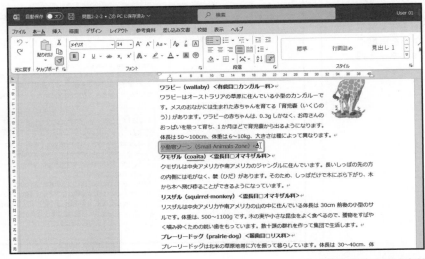

④ 12 行目に 2 行目の書式が貼り付けられます。

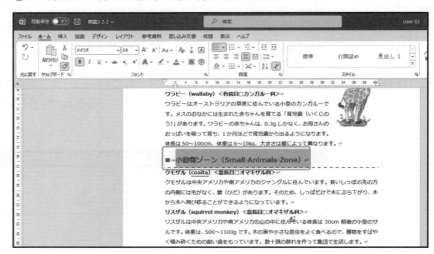

⑤ マウスポインターの形状が 🖌Ｉ のままであることを確認して、2 ページの「鳥類・水系ゾーン…」をドラッグします。

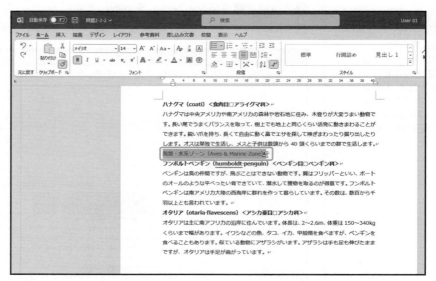

⑥ 2 ページの「鳥類・水系ゾーン…」にも 2 行目の書式が貼り付けられます。

⑦ **Esc** キーを押して終了します。

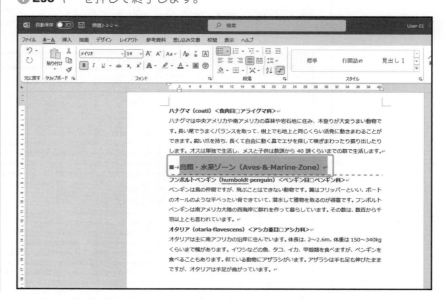

📌 ポイント

書式のコピーの終了

🖌 [書式のコピー / 貼り付け]
ボタンをダブルクリックすると、マウスポインターの形状が 🖌Ｉ のままになります。終了するには同じボタンを再度クリックするか、**Esc** キーを押します。

2-2-3　行間と段落の間隔を設定する

練習問題

問題フォルダー
└ 問題 2-2-3.docx

解答フォルダー
└ 解答 2-2-3.docx

【操作 1】5 行目「平素は…」から 11 行目「…いたします。」までの段落前に「0.5 行」の間隔を追加します。

【操作 2】13 行目「●日　時…」から 16 行目「●出欠について」の行間を「1.5 行」に設定します。

【操作 3】17 行目「事前の連絡…」から 19 行目「ます。」の段落の行間を「15pt」の固定値にします。

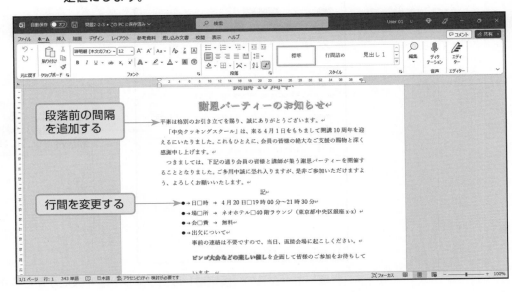

機能の解説

◇◇◇ 重要用語

□ 段落の間隔

□ [前の間隔] ボックス

□ [後の間隔] ボックス

□ [行と段落の間隔]
　　ボタン

□ 行間

□ [段落]
　　ダイアログボックス

段落とは、⏎ の次の文字から ⏎ までのひとまとまりの文章のことです。段落の前後の間隔を設定することにより段落を目立たせたり、文章を読みやすくすることができます。段落の前の間隔は、[レイアウト] タブの ‡前: 0行 ▲▼ [前の間隔] ボックス、段落の後の間隔は ‡後: 0行 ▲▼ [後の間隔] ボックスで行います。ボックスの右側の▲や▼をクリックすると 0.5 行単位で指定できます。

行数以外の単位で指定するには、pt、mm などを数値に付けて入力する

また、[ホーム] タブの ‡≡▼ [行と段落の間隔] ボタンを使用しても、段落前と段落後の間隔を挿入できます。

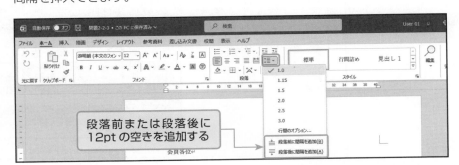

段落前または段落後に 12pt の空きを追加する

行間とは、行の上端から次の行の上端までの間隔のことです。通常は1行になっていますが、行間を変えて文章を読みやすくすることができます。行間を変更するには、[ホーム]タブの 🎚▼ [行と段落の間隔] ボタンの一覧から行間隔の数値を選択します。

●行間の詳細設定

🎚▼ [行と段落の間隔] ボタンの一覧の [行間のオプション] をクリックすると [段落] ダイアログボックスの [インデントと行間隔] タブが表示されます。[間隔] の [行間] ボックスを使用するとより細かい設定ができます。

[段落] ダイアログボックス

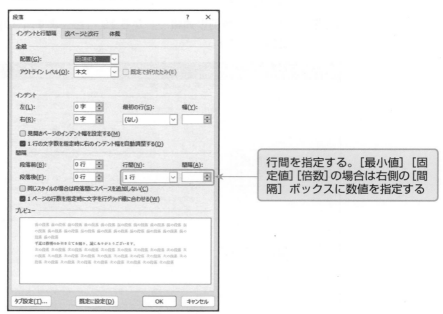

行間を指定する。[最小値] [固定値] [倍数] の場合は右側の [間隔] ボックスに数値を指定する

[行間] ボックスの [固定値] は、フォントサイズにかかわらず、[間隔] ボックスで指定した行間に常に固定されます。それに対して [最小値] は、[間隔] ボックスで指定した値よりもフォントサイズが拡大された場合、文字が読めるように行間が自動調整されます。また、[行間] ボックスにない値を設定するには、直接 [間隔] ボックスに数値を入力します。その場合は [行間] ボックスに「倍数」と表示されます。

操作手順

◆その他の操作方法〉

段落前の間隔

[段落] ダイアログボックスの [間隔] の [段落前] ボックスからも設定できます。

【操作1】

❶ 5行目「平素は…」から11行目「…します。」までを選択します。

❷ [レイアウト] タブの 🎚前:0行 ▲▼ [前の間隔] ボックスの▲をクリックし、[0.5行]に設定します。

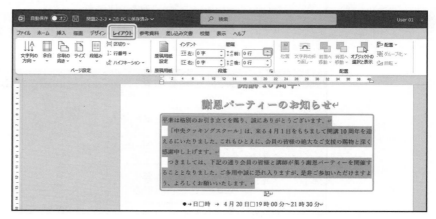

❸ 5 行目から 11 行目の段落の前に「0.5 行」の間隔が追加されます。

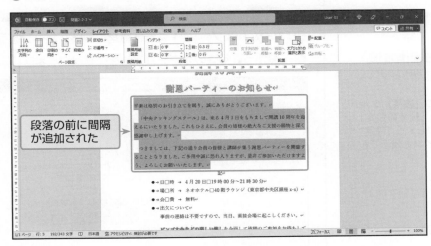

段落の前に間隔
が追加された

【操作 2】

❹ 13 行目「●日　時…」から 16 行目「●出欠について」の行を選択します。

❺ [ホーム] タブの [行と段落の間隔] ボタンをクリックします。

❻ 一覧から [1.5] をクリックします。

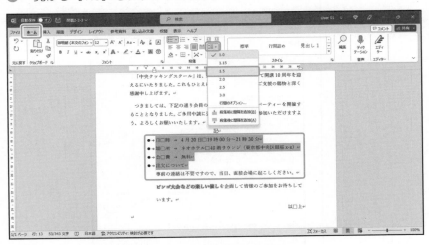

❼ 選択した段落の行間隔が 1.5 行に変更されます。

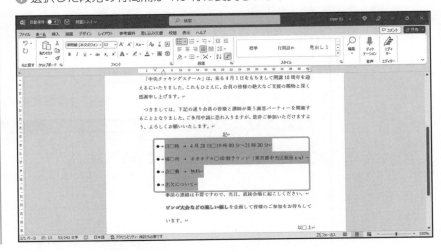

段落の前後の間隔の削除
設定したときと同じ [前の間隔] ボックスの▼をクリックして [0 行] に設定します。

行間隔の解除
行間隔を元に戻すには、[ホーム] タブの [行と段落の間隔] ボタンをクリックして [1.0] をクリックします。

【操作3】

⑧ 17 行目「事前の…」から 19 行目「ます。」の行を選択します。

⑨ ［ホーム］タブの ▒ ▾ ［行と段落の間隔］ボタンをクリックします。

⑩ 一覧から ［行間のオプション］をクリックします。

◆その他の操作方法◇

［段落］ダイアログボックス
の表示

［ホーム］タブの［段落］グル
ープ右下の ▒ ［段落の設定］
ボタンをクリックしても［段落］
ダイアログボックスを表示でき
ます。

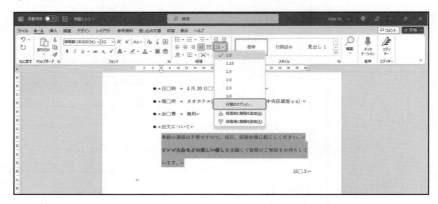

⑪ ［段落］ダイアログボックスの［インデントと行間隔］タブが表示されます。

⑫ ［間隔］の［行間］ボックスの▼をクリックし、［固定値］をクリックします。

⑬ ［間隔］ボックスに「15」と入力するか、▲をクリックし、「15pt」に設定します。

⑭ ［OK］をクリックします。

⑮ 選択した段落の行間が 15pt の固定値に設定されます。

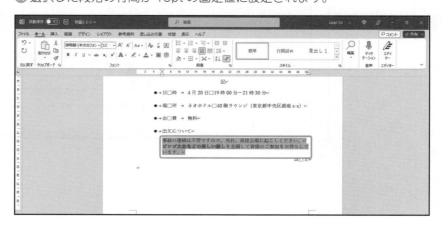

2-2-4 インデントを設定する

問題フォルダー
└問題 2-2-4.docx

解答フォルダー
└解答 2-2-4.docx

練習問題

【操作 1】6 行目「日増しに…」から 9 行目「…いたします。」の段落の最初の行に 1 字分の字下げインデントを設定します。

【操作 2】12 行目「日　時：…」から 16 行目「…お渡しください。」の段落に「4 字」の左インデントを設定し、さらに 15 行目「申　込：…」の段落に「4 字」のぶら下げインデントを設定します。

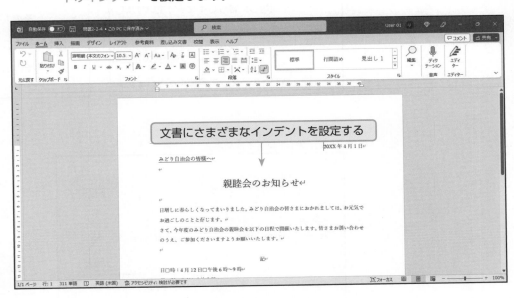

機能の解説

重要用語

□ 左インデント
□ 字下げインデント
□ ぶら下げインデント
□ [インデントを増やす]
　ボタン
□ [段落] ダイアログ
　ボックス

段落の左端や右端の位置を揃えるには、インデントという機能を使用します。段落のすべての行の左端を指定するには左インデント、段落の最初の行を下げるには字下げインデント、同じ段落で 1 行目と 2 行目以降の左端の位置を変えたい場合はぶら下げインデントを設定します。インデントを設定するには複数の方法があります。数文字分の左インデントには [ホーム] タブの 🔲 [インデントを増やす] ボタンが便利です。たくさんの文字数分をインデントするときは、水平ルーラーに表示されているインデントマーカーを目的の位置までドラッグする方法もあります。

水平ルーラーのインデントマーカー

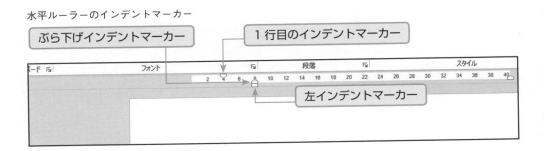

●インデントの詳細設定

[段落] ダイアログボックスを使用すると、すべてのインデントを数値で指定できます。[段落] ダイアログボックスは、[ホーム] タブの [段落] グループの右下の 🔽 [段落の設定] ボタンをクリックして表示します。

字下げ、ぶら下げインデントを設定するには、[最初の行] ボックスの▼をクリックして [字下げ] または [ぶら下げ] を選択し、すぐ右の [幅] ボックスに文字数を指定します。

字下げの例   ぶら下げの例

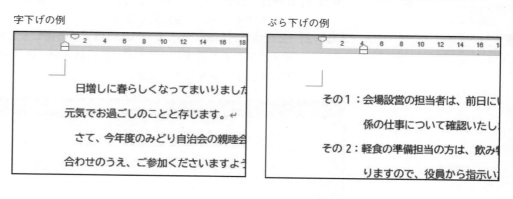

[段落] ダイアログボックス

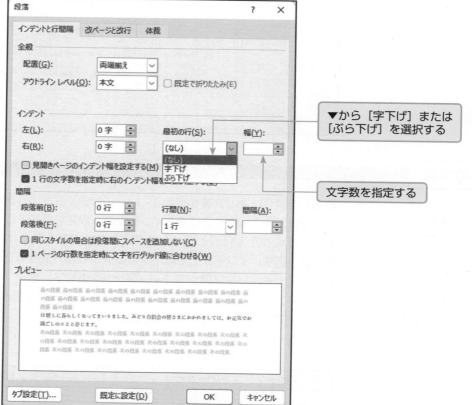

【操作 1】

❶ 6 行目「日増しに…」から 9 行目「…いたします。」の段落を選択します。

❷ [ホーム] タブの [段落] グループ右下の [段落の設定] ボタンをクリックします。

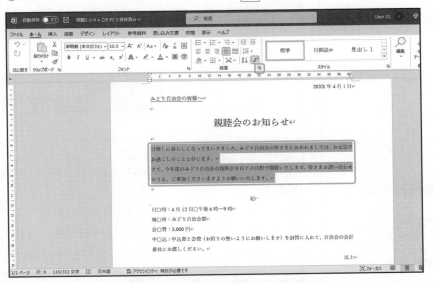

❸ [段落] ダイアログボックスの [インデントと行間隔] タブが表示されます。

❹ [インデント] の [最初の行] ボックスの▼をクリックして [字下げ] をクリックします。

❺ [幅] ボックスに「1 字」と表示されたことを確認して、[OK] をクリックします。

★ ヒント

[段落] ダイアログボックス

[段落] ダイアログボックスでは、[字下げ] や [ぶら下げ] の設定以外に左右のインデントの設定も行えます。左インデントは [左] ボックス、右インデントは [右] ボックスにインデントの数値を指定します。

⑥ 6 行目から 9 行目の段落の最初の行が字下げされます。

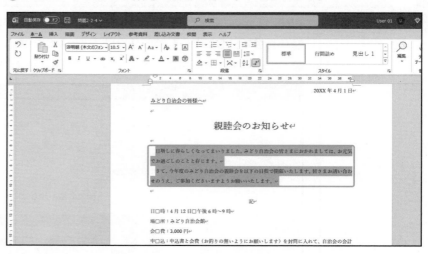

その他の操作方法
左インデント
[レイアウト]タブの [≡左: 0字] [左インデント] ボックスに「4」と入力するか、▲をクリックして「4字」に設定します。

★ヒント
左インデントの解除
[ホーム] タブの [≡] [インデントを減らす] ボタンをクリックすると左インデントが解除されます。

【操作 2】

⑦ 12 行目「日　時：…」から 16 行目「…お渡しください。」の段落を選択します。

⑧ [ホーム] タブの [≡] [インデントを増やす] ボタンを 4 回クリックします。

⑨ 12 行目から 16 行目の段落に左インデントが設定されます。

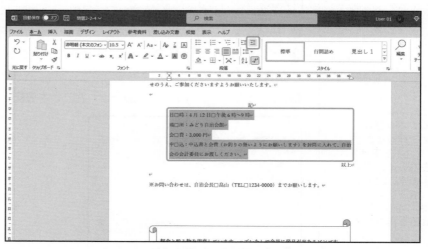

⑩ 15 行目「申　込：…」の段落内にカーソルを移動します。

⑪ [ホーム] タブの [段落] グループ右下の [↘] [段落の設定] ボタンをクリックします。

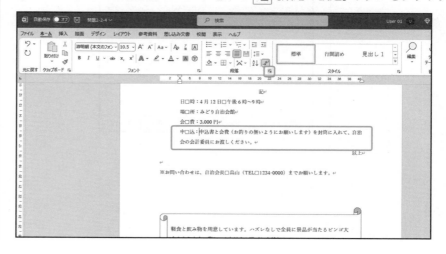

⑫［段落］ダイアログボックスの［インデントと行間隔］タブが表示されます。

⑬［インデント］の［最初の行］ボックスの▼をクリックして［ぶら下げ］をクリックします。

⑭［幅］ボックスに「4」と入力するか、▲をクリックして「4字」に設定します。

⑮［OK］をクリックします。

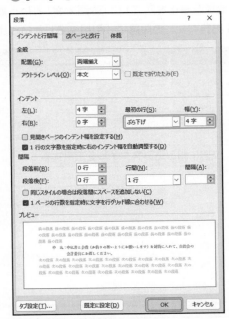

⑯ 15 行目から 16 行目の段落に 4 字のぶら下げインデントが設定されます。

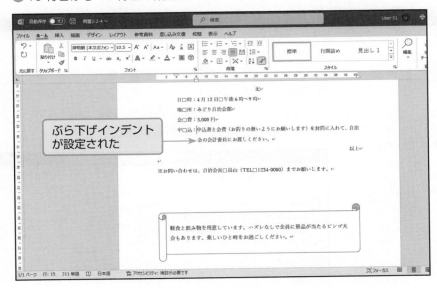

ぶら下げインデント
が設定された

2-2-5 文字列に組み込みスタイルを適用する

練習問題

問題フォルダー
└ 問題 2-2-5.docx

解答フォルダー
└ 解答 2-2-5.docx

【操作 1】3 行目「地球温暖化を防ぐ」に「強調太字」という組み込みスタイルを設定します。

【操作 2】文末の「出典：…」の段落に「引用文 2」という組み込みスタイルを設定します。

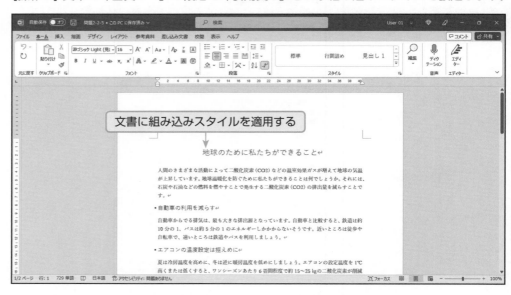

機能の解説

重要用語

□ スタイル
□ 組み込みスタイル
□ スタイルギャラリー

スタイルとは、複数の書式の組み合わせに名前を付けて登録したものです。スタイルを利用すると、文書内の複数箇所の書式を統一したり、まとめて変更したりすることができます。Word には「見出し 1」、「強調太字」のようなさまざまなスタイルがあらかじめ用意されています。これを組み込みスタイルといい、[ホーム] タブのスタイルギャラリーの一覧から選択するだけでスタイルを設定できます。

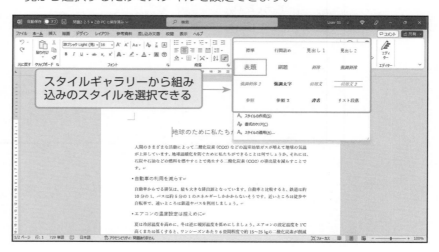

スタイルギャラリーから組み込みのスタイルを選択できる

●スタイルの設定箇所の選択

スタイルギャラリーを使用すると、文書に設定したスタイルの箇所をすばやく選択することもできます。スタイルギャラリーの一覧から目的のスタイルを右クリックし、ショートカットメニューの［すべて選択］をクリックします。目的のスタイルが設定されているすべての箇所が選択され、確認することができます。

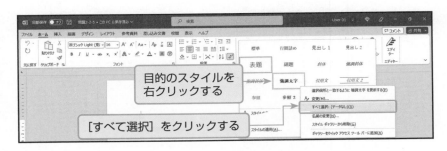

操作手順

【操作1】

❶ 3 行目「地球温暖化を防ぐ」を選択します。

❷ ［ホーム］タブの［スタイル］の ▽ ［その他］ボタンをクリックします。

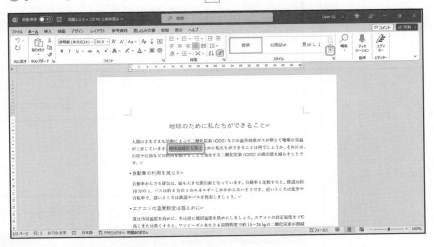

❸ スタイルギャラリーの一覧から［強調太字］をクリックします。

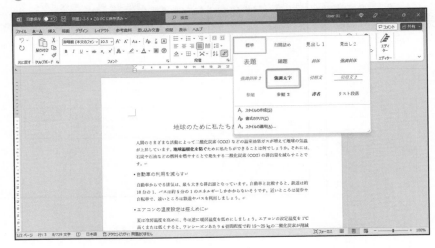

❹ 3 行目にスタイル「強調太字」が設定されます。

【操作 2】

❺ 文末の「出典：…」の段落にカーソルを移動します。

❻ ［ホーム］タブの［スタイル］の 🔽 ［その他］ボタンをクリックします。

❼ スタイルギャラリーの一覧から［引用文 2］をクリックします。

❽ 選択した段落にスタイル「引用文 2」が設定されます。

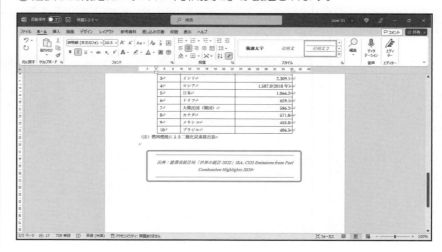

2-2-6 書式をクリアする

文書全体の書式を解除します。

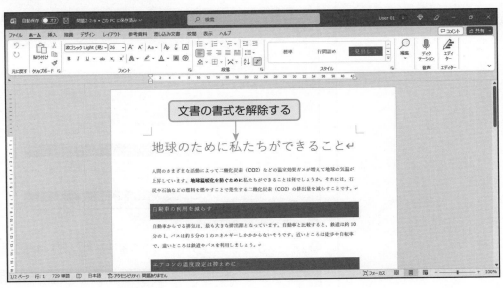

機能の解説

□ [すべての書式をクリア]
ボタン
□ 書式のクリア

文字や段落に設定された書式を解除するには、範囲を選択して[ホーム]タブの A̲ [すべての書式をクリア]ボタンをクリックします。文字書式や段落書式、スタイルをまとめて解除できます。また、スタイルギャラリーの ▾ [その他]ボタンをクリックして一覧の[書式のクリア]をクリックしても同様に書式を解除できます。

なお、蛍光ペンの色、ドロップキャップなど書式のクリアでは解除されない書式もあります。

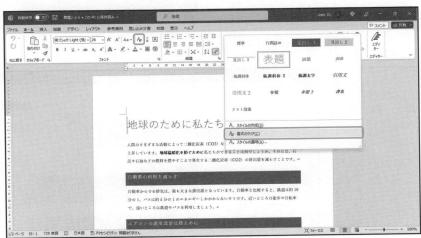

操作手順

◇◇**その他の操作方法**◇◇
ショートカットキー

Ctrl + **A** キー
（すべて選択）

❶ ［ホーム］タブの 編集 ［編集］ボタンをクリックし、 選択 ▼ ［選択］ボタンをクリックします。

❷ ［すべて選択］をクリックします。

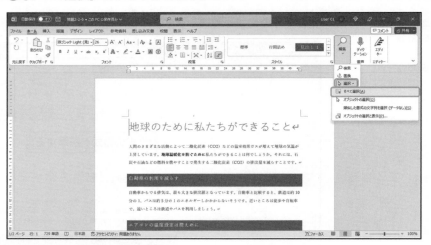

❸ 文書全体が選択されます。

❹ ［ホーム］タブの A◇ ［すべての書式をクリア］ボタンをクリックします。

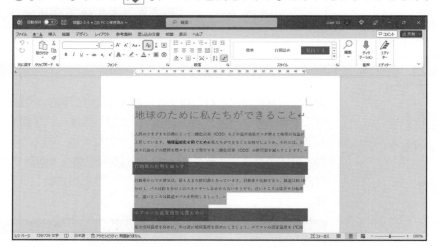

❺ 書式がすべて解除され、「標準」スタイルになります。

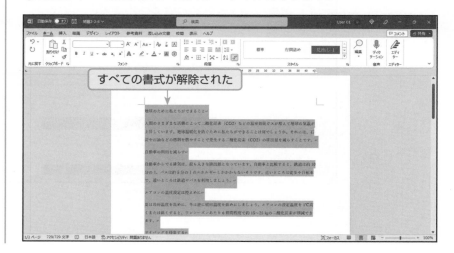

すべての書式が解除された

2-3 文書にセクションを作成する、設定する

ここでは、文章をブロックに分けて表示する段組みや、ページや段落に区切りを挿入する方法を学習します。これらは文章を読みやすくするための機能です。挿入後は、セクション区切り、ページ区切りなどの編集記号が挿入されます。

2-3-1 文字列を複数の段に設定する

練習問題

問題フォルダー
└問題2-3-1.docx

解答フォルダー
└解答2-3-1.docx

【操作 1】1 ページ 2 行目「【具材】」から 17 行目「サラダ油 適量」までを 2 段組みにします。その際に、2 段目は「【調味料】」の行から始まるようにします。

【操作 2】「●焼き餃子の場合」から文末までを間隔が「3 字」、境界線の引かれた 2 段組みにします。

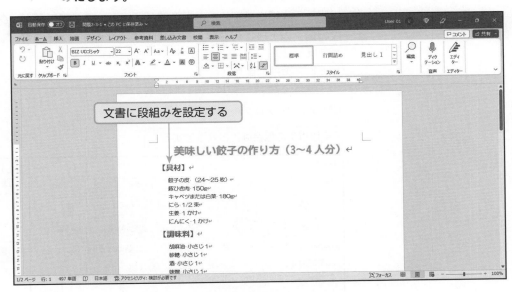

機能の解説

重要用語

☐ 段組み

☐ [段組み] ダイアログ
　ボックス

☐ 段区切り

段組みとは、文章を複数のブロックに分けてレイアウトする機能です。Word 文書の初期設定は、横書きの場合、各行が余白を除いたページの横幅に「1 段組み」の状態で配置されています。これを 2 段組みに変更すると、1 段組みの半分以下の文字数のブロックが間隔を空けて横に 2 つ並んだ形になります。Word では、文書全体または一部を 2 段以上の多段組みに変更することができ、段と段との間隔や各段の幅も設定できます。また、改段位置を指定して、任意の行を段の先頭にすることもできます。
段組みは、[レイアウト] タブの  [段組み] ボタンから設定します。

2段組みの例

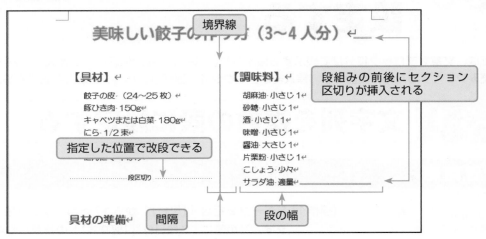

●段組みの詳細設定

段組みの詳細を設定したい場合は［段組み］ダイアログボックスを使用します。段の数や段の幅、段と段との間隔、境界線の表示などが指定できます。［段組み］ダイアログボックスは、［レイアウト］タブの ⊞段組み ［段組み］ボタンの一覧の［段組みの詳細設定］をクリックして表示します。

［段組み］ダイアログボックス

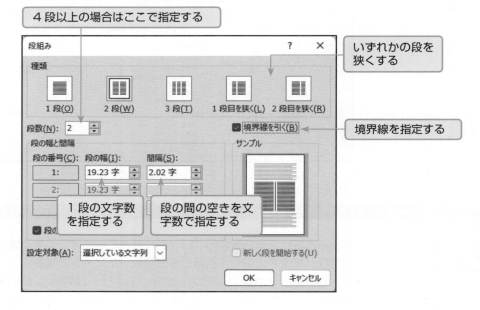

●段の開始位置の変更

段組みを設定後に、2段目や3段目の先頭に表示される文字を変更したい場合は、段区切りを挿入します。段の先頭に移動したい文字の先頭にカーソルを移動し、［レイアウト］タブの ✂区切り▾ ［区切り］ボタンから［段区切り］をクリックします。

操作手順

ポイント

段組みの範囲選択

文字列を選択せずに段組みを設定すると、文書全体の段組みが変更されます。セクション区切りが挿入されている場合は、カーソル位置のセクションの段組みが変更されます。

【操作 1】

❶ 2 行目「【具材】」から 17 行目「サラダ油 適量」を選択します。

❷ [レイアウト] タブの ▤ [段組み] ボタンをクリックします。

❸ 一覧から [2 段] をクリックします。

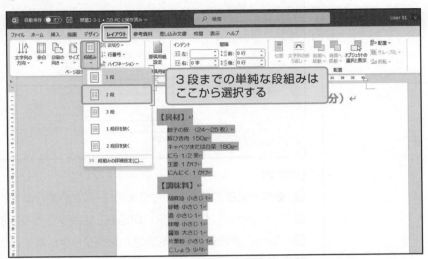

❹ 2 行目から 17 行目までが、「2 段組み」に設定されます。

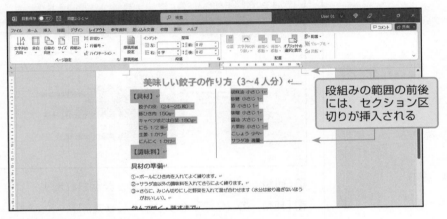

ヒント

段組みの解除

1 段組みに戻すには、[レイアウト] タブの [段組み] ボタンをクリックし、[1 段] をクリックします。セクション区切りが残ったときは、[セクション区切り] の編集記号を選択して **Delete** キーを押します。

▤
[段組み] ボタン

❺「【調味料】」の行頭にカーソルを移動します。

❻ [レイアウト] タブの [区切り] ボタンをクリックします。

❼ [ページ区切り] の一覧から [段区切り] をクリックします。

ポイント

段の位置

段組みの 2 段目以降の開始位置を変更する場合は、区切りたい位置にカーソルを移動し、[段区切り] を挿入します。カーソルの位置の文字列が次の段の先頭に移動します。

その他の操作方法

ショートカットキー

Ctrl + **Shift** + **Enter** キー
（段区切りの挿入）

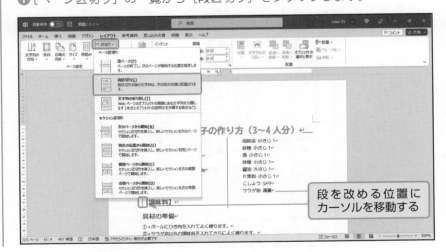

❽ カーソルの直前に段区切りが挿入され、「【調味料】」の行が2段目の先頭に移動します。

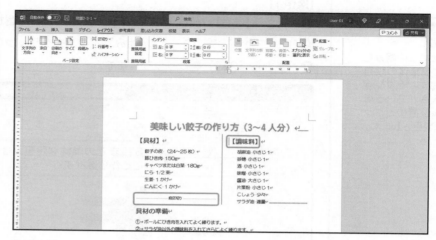

【操作2】

❾ 「●焼き餃子の場合」から文末の「…10分蒸します。」までを選択します。

❿ [レイアウト] タブの [段組み] ボタンをクリックします。

⓫ 一覧から [段組みの詳細設定] をクリックします。

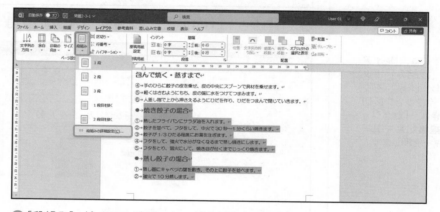

⓬ [段組み] ダイアログボックスが表示されます。

⓭ [種類] の [2段] をクリックします。

⓮ [境界線を引く] チェックボックスをオンにします。

⓯ [間隔] ボックスに「3」と入力するか、右端の▲をクリックして、[3字] に設定します。

⓰ [設定対象] ボックスに [選択している文字列] と表示されていることを確認し、[OK] をクリックします。

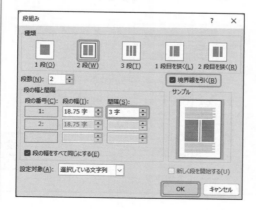

⓱ 選択した段落が、段の間隔「3字」の境界線の引かれた2段組みに設定されます。

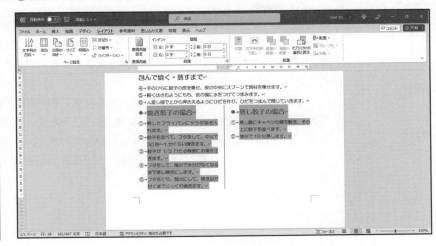

2-3-2 ページ、セクション、セクション区切りを挿入する

練習問題

問題フォルダー
└問題 2-3-2.docx

解答フォルダー
└解答 2-3-2.docx

【操作 1】1 ページ 7 行目「ハワイの気候…」の前にページ区切りの文字列の折り返しを挿入します。

【操作 2】見出し「キラウエア」の前に改ページを挿入します。

【操作 3】見出し「イメージ写真」の前に次のページから始まるセクション区切りを挿入します。

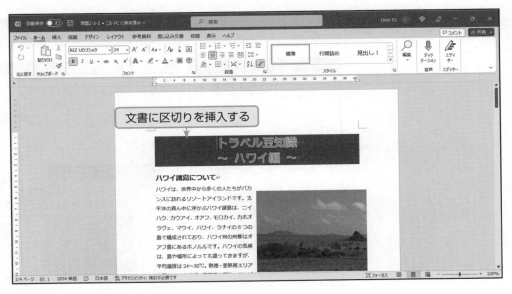

重要用語

- □ ページ区切り
- □ セクション区切り
- □ 改ページ
- □ 文字列の折り返し

文書の指定した位置にページ区切りやセクション区切りを挿入することができます。
ページ区切りには、改ページ、段区切り、文字列の折り返しがあります。改ページはページの途中で強制的に次のページに改ページする操作です。その方法はいくつかありますが、ここでは［挿入］タブの ［ページ区切り］ボタンをクリックします。
ページ区切りの文字列の折り返しは、その位置で強制的に改行し、図や表の下に文字列が移動します。図や表を避けて文字列が配置されるため、文書を読みやすくすることができます。［レイアウト］タブの ［区切り］ボタンから［文字列の折り返し］をクリックします。空白行を数行挿入する操作と同じように見えますが、段落内での改行となります。

ページ区切りの文字列の折り返しの例

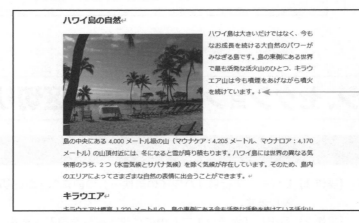

［文字列の折り返し］を挿入した位置で強制改行し、以降の文字列は図の下に配置される

●セクション区切りの挿入

文書にセクション区切りを挿入したい場合は、同じ ［区切り］ボタンから［セクション区切り］を選択します。セクションとは文書の編集単位の１つで、セクション単位で段組みやページ番号、印刷の向きなどをそれぞれ異なる設定にすることができます。

セクション区切りはセクションの開始位置を選択できる

【操作 1】

❶ 7 行目「ハワイの気候…」の前にカーソルを移動します。

❷ ［レイアウト］タブの ［区切り］ボタンをクリックします。

❸ ［ページ区切り］の一覧から［文字列の折り返し］をクリックします。

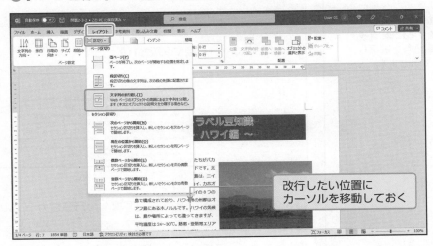

❹ カーソルの直前に段落内改行が挿入され、「ハワイの気候…」の行以降は図の下に配置されます。

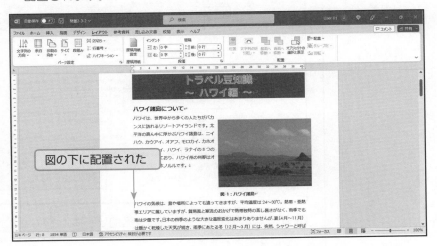

【操作 2】

❺ 2 ページ目の見出し「キラウエア」の行頭にカーソルを移動します。

❻ ［挿入］タブの ［ページ区切り］ボタンをクリックします。

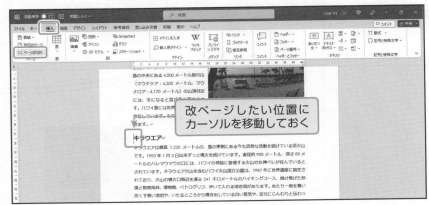

その他の操作方法

ショートカットキー
Ctrl ＋ Enter キー
（ページ区切りの挿入）

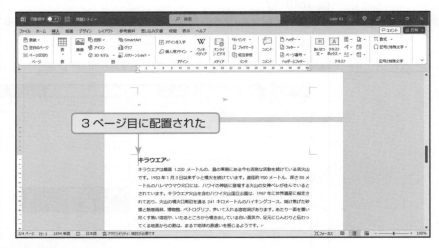
❼ カーソルの直前に改ページが挿入され、「キラウエア」の行以降は、次ページに配置されます。

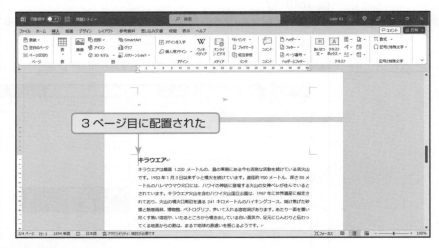

3ページ目に配置された

【操作 3】

❽ 3ページの見出し「イメージ写真」の行頭にカーソルを移動します。

❾ [レイアウト]タブの [区切り] ボタンをクリックします。

❿ [セクション区切り]の一覧から[次のページから開始]をクリックします。

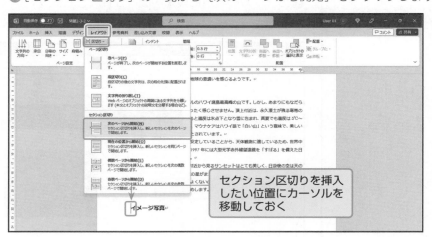

セクション区切りを挿入したい位置にカーソルを移動しておく

⓫ カーソルの直前にセクション区切りが挿入され、「イメージ写真」の行以降は次ページに配置されます。

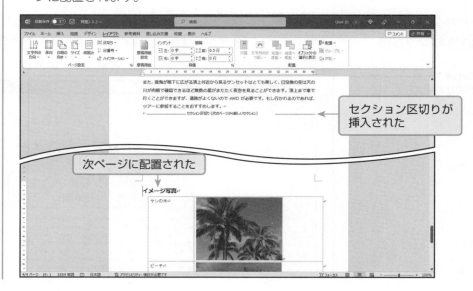

セクション区切りが挿入された

次ページに配置された

2-3-3 セクションごとにページ設定の オプションを変更する

練習問題

問題フォルダー
└ 問題2-3-3.docx

解答フォルダー
└ 解答2-3-3.docx

【操作 1】最初のセクションの上余白を「40mm」に変更します。

【操作 2】セクション 2 のページだけ印刷の向きを「横」に変更します。

※ 下記画面は［表示］タブの 複数ページ ［複数ページ］ボタンで表示しています。

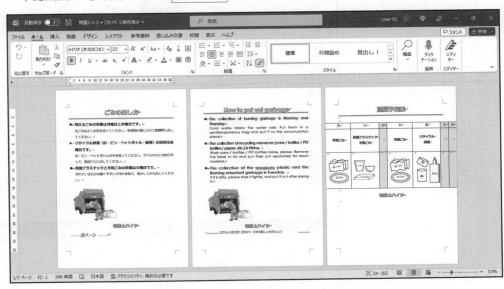

機能の解説

重要用語

□ セクション
□ セクション区切り

セクションとは、文書の編集単位のことで、通常、文書は 1 セクションで構成されます。用紙サイズや印刷の向きなど、文書に複数の異なるレイアウトを混在させたい場合にセクション区切りを挿入し、セクションごとにページのレイアウトを設定します。

文書内のセクションの区切り位置は、「セクション区切り（次のページから新しいセクション）」のような編集記号で確認することができます。また、ステータスバーを右クリックしてショートカットメニューの［セクション］をクリックすると、セクション番号をステータスバーに表示させることができます。

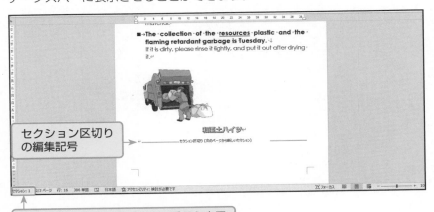

セクション区切り
の編集記号

ステータスバーにセクション番号を表示

第 **2** 章 文字、段落、セクションの挿入と書式設定

編集記号の表示
編集記号が非表示の場合は、
[ホーム] タブの ⚏ [編集記
号の表示 / 非表示] ボタンを
クリックしてオンにします。

【操作 1】

❶ スクロールして、2 ページ目の編集記号 [セクション区切り（次のページから新し
いセクション）] を確認します。

❷ セクション 1（1 ページまたは 2 ページ目）のいずれかにカーソルを移動します。

❸ [レイアウト] タブの [ページ設定] グループ右下の ⤢ [ページ設定] ボタンをク
リックします。

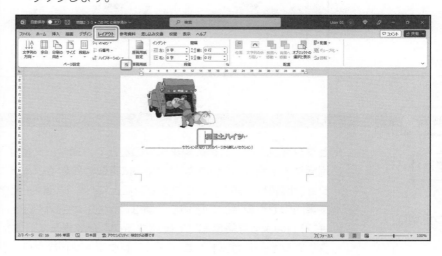

④［ページ設定］ダイアログボックスが表示されます。

⑤［余白］タブの［上］ボックスに「40」と入力するか、▲をクリックして、「40mm」に設定します。

⑥［設定対象］ボックスに［このセクション］と表示されていることを確認します。

⑦［OK］をクリックします。

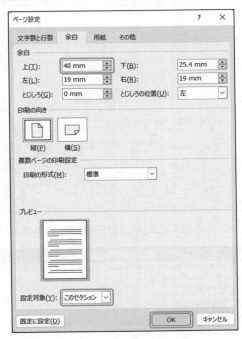

⑧ 最初のセクション（1ページ目と2ページ目）のみ上余白が変更されます。

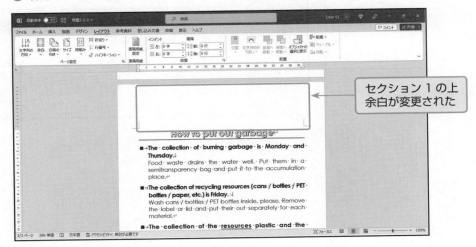

セクション1の上
余白が変更された

【操作 2】

⑨ セクション 2（3 ページ目）のいずれかにカーソルを移動します。

⑩ ［レイアウト］タブの ![印刷の向き] ［印刷の向き］ボタンをクリックします。

⑪ ［横］をクリックします。

⑫ セクション 2 のみ印刷の向きが横に変更されます。

3

表やリストの管理

本章で学習する項目

☐ 表を作成する

☐ 表を変更する

☐ リストを作成する、変更する

3-1 表を作成する

文書内に表を挿入するには、表の行数と列数を指定して挿入するほかに、入力済みの文字列を表に変換することができます。列の幅を指定したり、文字列の幅に合わせたりして表を挿入することもできます。また、表を解除して、文字列だけにすることもできます。

3-1-1 文字列を表に変換する

練習問題

問題フォルダー
└問題 3-1-1.docx
解答フォルダー
└解答 3-1-1.docx

【操作 1】9 行目「吉野中央図書館…」から 14 行目「吉野あおば公民館…」の段落のタブ区切りの文字列を、文字列の幅に合わせた表に変換します。

【操作 2】16 行目「平日…」から 18 行目「日曜…」の段落のタブ区切りの文字列を列の幅が「35mm」の表に変換します。

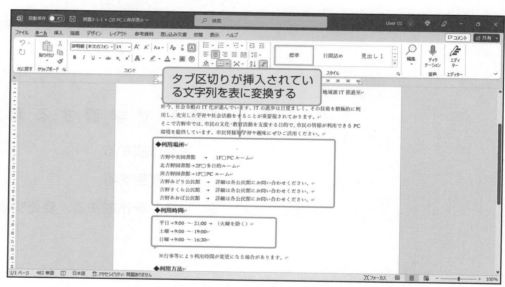

機能の解説

重要用語

□ [文字列を表にする]
ダイアログボックス

□ [自動調整のオプション]

Word では、先に表を作成してから文字列を入力していくほかに、既に入力されている文字列を表に変換することができます。表に変換できるのは、タブやカンマ、段落などで区切られた文字列です。

それには、表に変換したい文字列を選択し、[挿入] タブの ⊞ [表] ボタンをクリックして、一覧から [文字列を表にする] をクリックします。表示される [文字列を表にする] ダイアログボックスで、列数や列の幅、文字列の区切りなどを指定して、変換を実行します。

[文字列を表にする] ダイアログボックスの [自動調整のオプション] の [列の幅を固定する] が既定の [自動] の場合は、左右の余白を除いた用紙幅分の列の幅が均等の表が挿入されます。列の幅を指定するには [列の幅を固定する] ボックスの右側の▲または▼で数値を指定します。[文字列の幅に合わせる] にすると、同じ列の一番長い文字に合わせた列の幅に調整されます。[ウィンドウサイズに合わせる] は、左右の余白を除いた用紙幅の表に変換され、あとから余白サイズを変更した場合は表のサイズが調整されます。

[文字列を表にする] ダイアログボックス

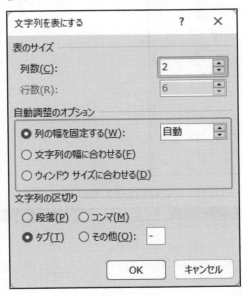

操作手順

【操作1】

❶ 9行目「吉野中央図書館…」から14行目「吉野あおば公民館…」を行単位で選択します。

❷ [挿入] タブの [表] ボタンをクリックします。

❸ [文字列を表にする] をクリックします。

④ ［文字列を表にする］ダイアログボックスが表示されます。

⑤ ［列数］ボックスに［2］と表示されていることを確認します。

⑥ ［自動調整のオプション］の［文字列の幅に合わせる］を選択します。

⑦ ［文字列の区切り］の［タブ］が選択されていることを確認します。

⑧ ［OK］をクリックします。

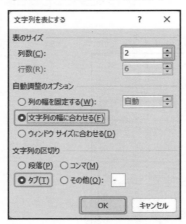

⑨ 9 行目から 14 行目が表に変換されます。

【操作 2】

⑩ 16 行目「平日…」から 18 行目「日曜…」を行単位で選択します。

⑪ ［挿入］タブの 　 ［表］ボタンをクリックします。

⑫ ［文字列を表にする］をクリックします。

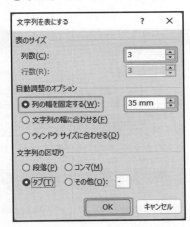

⑬ [文字列を表にする] ダイアログボックスが表示されます。

⑭ [列数] ボックスに [3] と表示されていることを確認します。

⑮ [自動調整のオプション] の [列の幅を固定する] の右側のボックスに「35」と入力するか、▲をクリックして「35mm」に設定します。

⑯ [文字列の区切り] の [タブ] が選択されていることを確認します。

⑰ [OK] をクリックします。

⑱ 16 行目から 18 行目が、各列の幅が「35mm」の表に変換されます。

⑲ 表内にカーソルを移動して [レイアウト] タブの [幅] ボックスに「35 mm」と表示されていることを確認します。

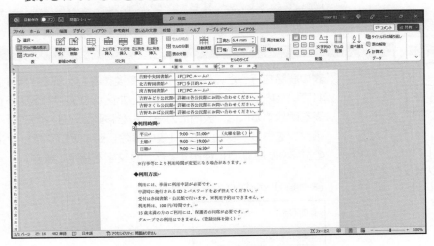

表を文字列に変換する

練習問題

問題フォルダー
└ 問題 3-1-2.docx

解答フォルダー
└ 解答 3-1-2.docx

文書の末尾にある表を解除し、文字列に変換します。その際の文字列の区切りには、「タブ」を指定します。

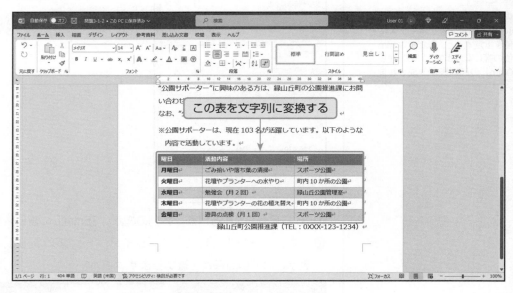

機能の解説

□ 表の解除
□ [表の解除]
　ダイアログボックス

表の解除を行うと、表を文字列に変換することができます。この時、表の各セルに入力されていた内容は、タブなどの指定した区切り文字で区切られて表示されます。
表を解除するには、表内にカーソルを移動し、[レイアウト]タブの　表の解除　[表の解除]ボタンをクリックします。[表の解除]ダイアログボックスが表示されるので、セルごとの文字列の区切りに使用する区切り文字を指定します。

[表の解除]ダイアログボックス

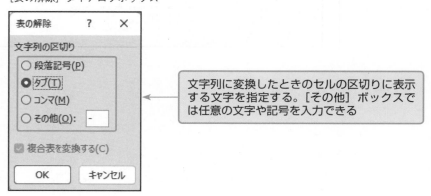

文字列に変換したときのセルの区切りに表示する文字を指定する。[その他]ボックスでは任意の文字や記号を入力できる

❶ 文書の末尾の表にカーソルを移動します。

❷ [レイアウト] タブの 📋 表の解除 [表の解除] ボタンをクリックします。

★ ヒント
表の一部を文字列に変換する
表の一部を文字列に変換する場合は、対象となる表の部分を範囲選択します。

★ ヒント
表の操作に使用するタブ
表内にカーソルを移動したり、表を選択すると、[テーブルデザイン] タブと [レイアウト] タブが表示されます。

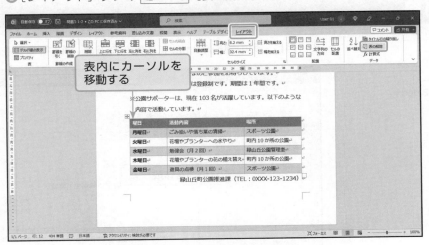

表内にカーソルを移動する

❸ [表の解除] ダイアログボックスが表示されます。

❹ [文字列の区切り] の [タブ] を選択します。

❺ [OK] をクリックします。

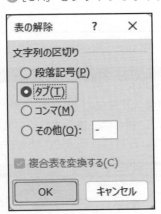

❻ 表が解除され、文字列に変換されます。

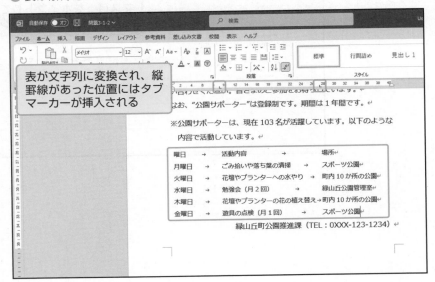

表が文字列に変換され、縦罫線があった位置にはタブマーカーが挿入される

3-1-3 行や列を指定して表を作成する

練習問題

問題フォルダー
└ 問題 3-1-3.docx

解答フォルダー
└ 解答 3-1-3.docx

8 行目に、列の幅を 30mm に固定した 5 列、48 行の表を作成します。

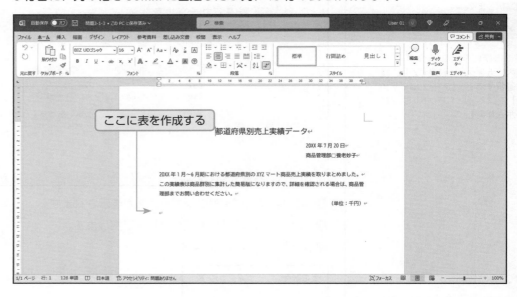

機能の解説

□ 表の作成

□ [表の挿入] ダイアログ
ボックス

□ [表のサイズ]

□ [自動調整のオプション]

文書内に表を作成するには、[挿入] タブの [表] ボタンを利用します。単に行数と列数だけを指定して表を作成したい場合は、表示されるマス目の中で、作成したい行数および列数の位置をクリックします。8 行 10 列までの表を作成できます。

表の列の幅を指定したい場合や、8 行 10 列以上の行数や列数の大きい表を作成したい場合は、[表] ボタンから [表の挿入] を選択し、[表の挿入] ダイアログボックスを利用します。[表のサイズ] で列数と行数を指定し、[自動調整のオプション] の選択肢から表の列の幅を指定します。[列の幅を固定する] が [自動] の場合、左インデントから右インデントまでの幅で、列の幅が均等の表が挿入されます。列の幅を指定するには、右側のボックスに数値で指定します。[ウィンドウサイズに合わせる] は、あとから余白サイズを変更した場合は表のサイズが調整されます。

[表の挿入] ダイアログボックス

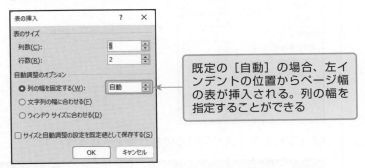

既定の [自動] の場合、左インデントの位置からページ幅の表が挿入される。列の幅を指定することができる

操作手順

❶ 8 行目にカーソルを移動します。

❷ [挿入] タブの [表] ボタンをクリックします。

❸ [表の挿入] をクリックします。

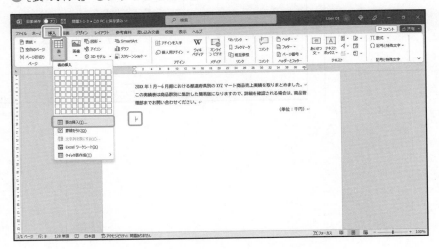

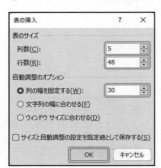

ポイント

行と列

表の横方向の並びを「行」、縦方向の並びを「列」といいます。また、表のマス目1つ1つのことを「セル」といいます。

④ [表の挿入] ダイアログボックスが表示されます。

⑤ [表のサイズ] の [列数] ボックスに「5」と入力します。

⑥ [行数] ボックスに「48」と入力します。

⑦ [自動調整のオプション] の [列の幅を固定する] の右側のボックスに「30」と入力します。

⑧ [OK] をクリックします。

⑨ 指定したサイズの列の幅の表が挿入されます。

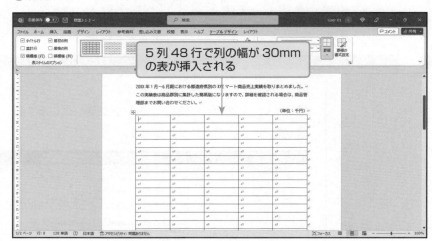

5列48行で列の幅が30mmの表が挿入される

3-2 表を変更する

Word には、作成した表を見やすくするための多数の機能があります。特定の列をキーとして昇順または降順でデータを並べ替えたり、セルの結合や分割、セルの余白の幅やサイズを変更したりなど、後から表のレイアウトを変更できます。表を分割したり、各ページにタイトル行を表示したりするなどの大きな表に便利な機能も用意されています。

3-2-1 表のデータを並べ替える

練習問題

問題フォルダー
└ 問題 3-2-1.docx

解答フォルダー
└ 解答 3-2-1.docx

文書内の表を、「総売上高」を基準として降順で並べ替えます。ただし、1 行目のタイトル行と合計の行以降は並べ替えの対象から除きます。

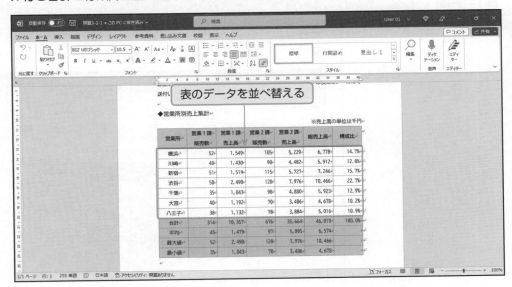

機能の解説

重要用語

□ 並べ替え

□ [並べ替え] ダイアログボックス

□ キー

表のコンテンツ（タイトル行を除いたデータの行）を、指定した列のデータを基準として並べ替えることができます。表の並べ替えは、[レイアウト] タブの [並べ替え] ボタンをクリックして [並べ替え] ダイアログボックスで行います。

並べ替えの基準として優先するキーを 3 つまで設定でき、さらにそれぞれのキーに対し、データの種類、並べ替えの単位、昇順 / 降順を選択できます。

なお、この問題のように表の一部を並べ替える場合は、列見出しを含むデータの範囲を選択して並べ替えを実行します。表全体を並べ替える場合は、範囲を選択しなくても表内にカーソルがあれば実行できます。

[並べ替え] ダイアログボックス

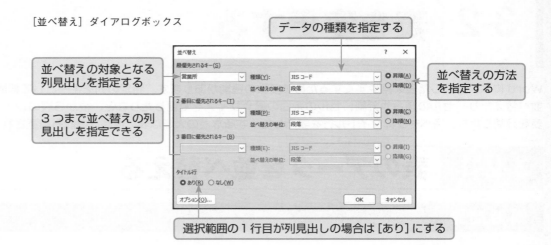

並べ替えの対象となる
列見出しを指定する

データの種類を指定する

並べ替えの方法
を指定する

3つまで並べ替えの列
見出しを指定できる

選択範囲の1行目が列見出しの場合は [あり] にする

操作手順

❶ 表の1行目から8行目（「八王子」の行）までを行単位で選択します。

❷ [レイアウト] タブの [並べ替え] ボタンをクリックします。

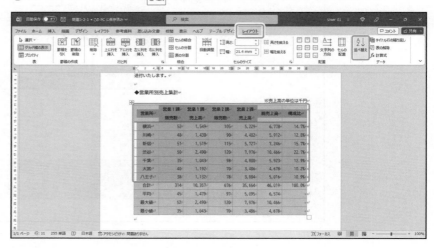

❸ [並べ替え] ダイアログボックスが表示されます。

❹ [タイトル行] の [あり] をクリックします。

❺ [最優先されるキー] ボックスの▼をクリックし、一覧から「総売上高」を選択します。

❻ [種類] ボックスに「数値」、[並べ替えの単位] ボックスに [段落] と表示されていることを確認し、右側の [降順] をクリックします。

❼ [OK] をクリックします。

★ヒント
1行目の扱い
1行目を並べ替えの対象とする
（タイトル行としない）場合は、[タ
イトル行]で[なし]を選択します。

★ヒント
昇順と降順
「昇順」とは、数値の場合は小さ
い数値から大きい数値に、文字
列の場合は五十音順やJISコー
ド順に並べる方法です。一方、「降
順」は、数値の場合は大きい数
値から小さい数値に、文字列の
場合は五十音やJISコードの逆
順に並べる方法です。

❽選択した範囲が、総売上高を基準として降順で並べ替えられます。

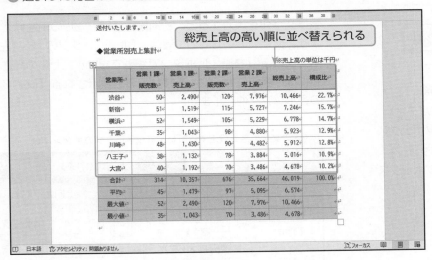

3-2-2 セルの余白と間隔を設定する

練習問題

問題フォルダー
└問題 3-2-2.docx

解答フォルダー
└解答 3-2-2.docx

【操作 1】表の単価、単位、金額のデータを中央揃え（右）に配置します。
【操作 2】表全体のセルの右の余白を「4mm」、セルの間隔を「0.5mm」に設定します。

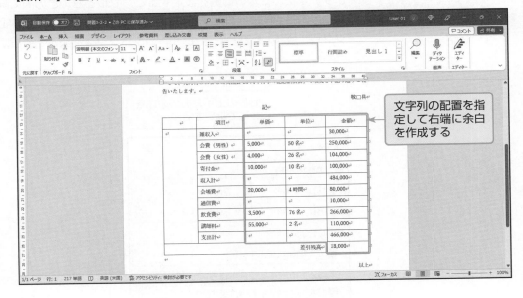

☐ セルの余白
☐ セルの間隔
☐ ［表のプロパティ］
　　ダイアログボックス
☐ ［表のオプション］
　　ダイアログボックス

表に文字列を入力すると、初期設定では、セルの両端揃え（上）の位置に文字が挿入されます。文字列の横方向の位置は、［ホーム］タブの ☰ ［左揃え］ボタン、☰ ［中央揃え］ボタン、☰ ［右揃え］ボタンで変更できます。セルの高さと横幅に対しての位置を指定するには、表内にカーソルを移動すると表示される［レイアウト］タブの［配置］グループの各ボタンを使用します。

セル内の文字位置を設定する［レイアウト］タブのボタン

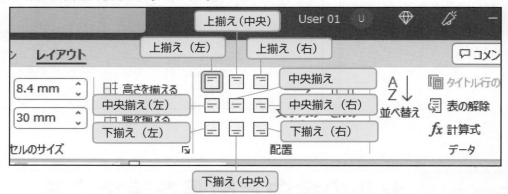

※ 環境によっては表示されるボタンの名称が上記とは異なることがあります。

●セルの余白と間隔の設定

表のセル内の上下左右の余白の幅を指定することができます。セル内のデータを右揃えに配置したときに読みにくい場合などは、右インデントを設定するか、セルの余白を変更します。また、セルの間隔を設定すると、セルとセルとの間に隙間を作ることができます。セルの余白や間隔を設定するには、［レイアウト］タブの 🔲 ［セルの配置］ボタンをクリックし、［表のオプション］ダイアログボックスを表示して設定します。

［表のオプション］ダイアログボックス

セルの上下左右の余白を
数値で指定する

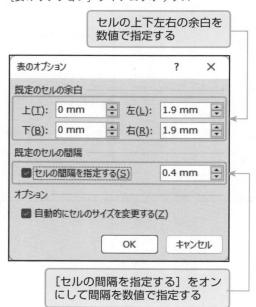

［セルの間隔を指定する］をオン
にして間隔を数値で指定する

【操作1】

❶ 表の単価、単位、金額の下のセルを選択します。

❷ [レイアウト] タブの 三 [中央揃え（右）] ボタンをクリックします。

★ヒント

[中央揃え（右）] ボタン
環境によってボタン名が異なる
場合があります。右の図と同じ位
置にあるボタンをクリックしてく
ださい。

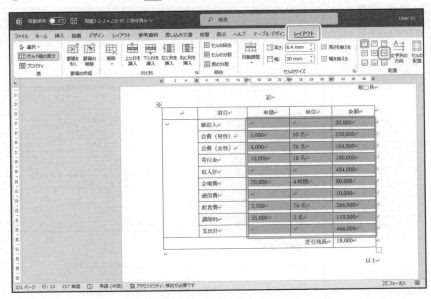

❸ 選択したセルのデータが中央揃え（右）になります。

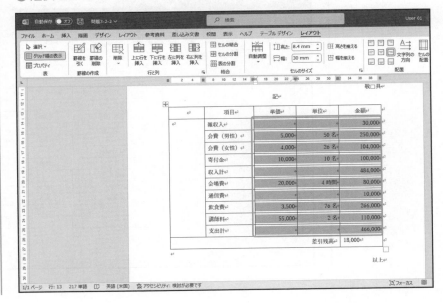

[中央揃え（右）] ボタンなどの配置のボタンは、離れた箇所のセルを選択すると、グレー表示になり使用することができません。この問題では、単価、単位、金額のセルを実行し、次に、差引残高のセルのように分けて操作します。

直前の操作と同じ操作を繰り返すには、**F4** キーを押しても実行できます。

❹ 同様の操作で、差引残高の右のセルを中央揃え（右）にします。

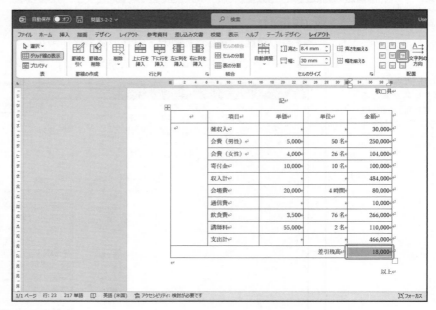

【操作2】

❺ 表内にカーソルがあることを確認します。

❻ [レイアウト] タブの [セルの配置] ボタンをクリックします。

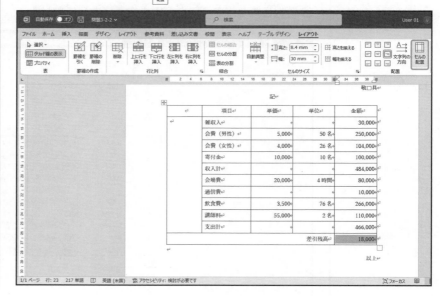

❼ ［表のオプション］ダイアログボックスが表示されます。

❽ ［右］ボックスに「4」と入力するか、▲をクリックして「4mm」に設定します。

❾ ［セルの間隔を指定する］チェックボックスをオンにします。

❿ 右のボックスに「0.5」と入力するか、▲をクリックして「0.5mm」に設定します。

⓫ ［OK］をクリックします。

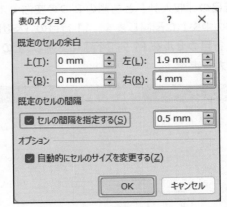

⓬ 表全体のセルの余白と間隔が変更されます。

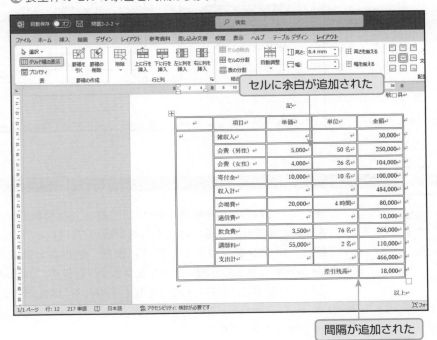

練習問題

問題フォルダー
  └ 問題 3-2-3.docx

解答フォルダー
  └ 解答 3-2-3.docx

【操作 1】表の 6 行目の「収入計」と右側の 2 つの空白セルを結合し、文字列を「セルの上下左右の中央」に配置します。11 行目の「支出計」も同様に設定します。

【操作 2】左端の 2 行目のセルを「1 列 2 行」に分割し、上のセルに「収入」、下のセルに「支出」と入力します。

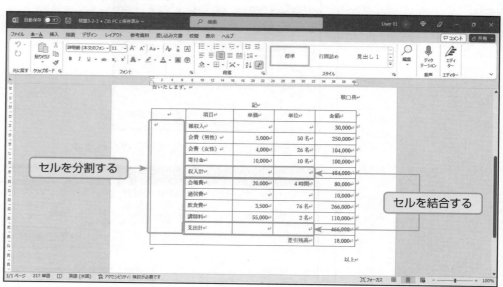

機能の解説

重要用語

□ セルの結合
□ セルの分割

表では、複数のセルを結合したり、1 つのセルを複数のセルに分割したりすることができます。セルを結合するには、セルを選択して、[レイアウト] タブの 田セルの結合 [セルの結合] ボタンをクリックします。また、セルを分割するには、同じグループにある 田セルの分割 [セルの分割] ボタンをクリックします。[セルの分割] ダイアログボックスが表示されるので、列数と行数を指定してセルを分割します。

[セルの分割] ダイアログボックス

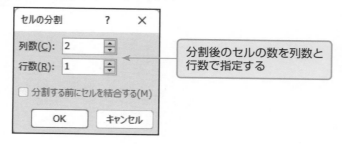

分割後のセルの数を列数と行数で指定する

【操作1】

❶ 表の「収入計」から右に3つ分のセルを選択します。

❷ [レイアウト]タブの [セルの結合] [セルの結合]ボタンをクリックします。

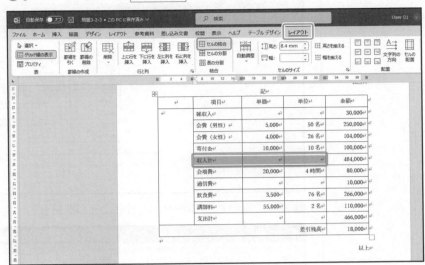

❸ セルが結合されて1つのセルになります。

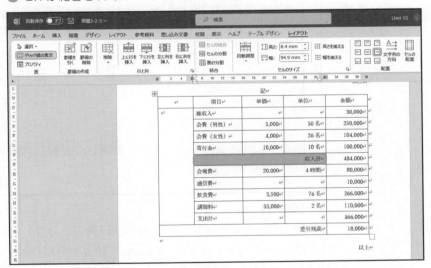

❹ [レイアウト]タブの [中央揃え]ボタンをクリックします。

★ヒント

[中央揃え]ボタン
環境によってボタン名が異なる
場合があります。右の図と同じ位
置にあるボタンをクリックしてく
ださい。

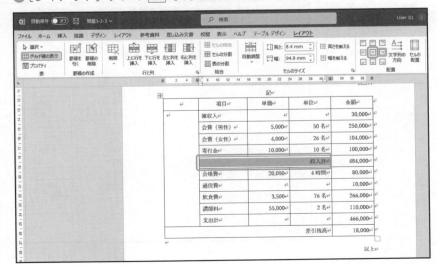

第**3**章 表やリストの管理

❺ セル内の文字の位置が、セルの上下左右の中央に変更されます。

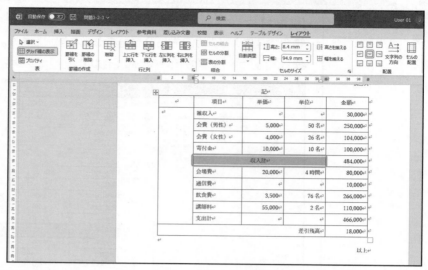

❻ 同様の操作で、「支出計」と右側のセルを結合し、文字列の位置を変更します。

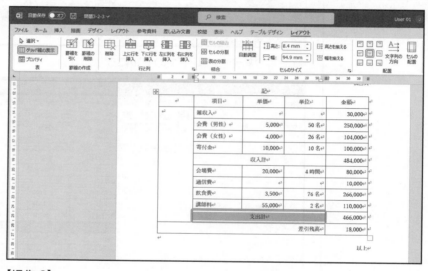

【操作 2】

❼ 1 列目の 2 行目のセルにカーソルを移動します。

❽ ［レイアウト］タブの ［セルの分割］ボタンをクリックします。

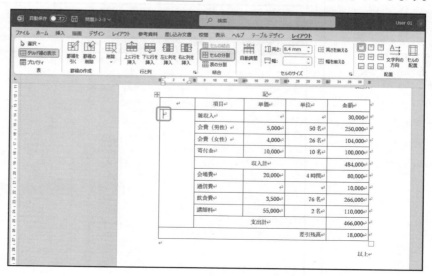

⑨ [セルの分割] ダイアログボックスが表示されます。

⑩ [列数] ボックスに「1」と入力するか、▼をクリックして「1」に設定します。

⑪ [行数] ボックスに「2」と入力するか、▲をクリックして「2」に設定します。

⑫ [OK] をクリックします。

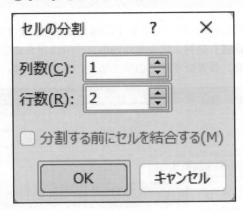

⑬ セルが分割されて、2つのセルになります。

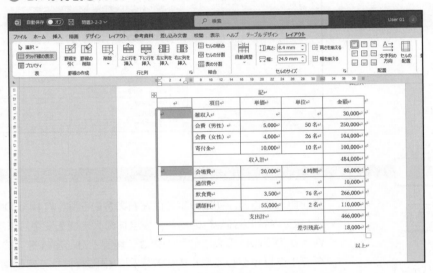

⑭ 上のセルに「収入」、下のセルに「支出」と入力します。

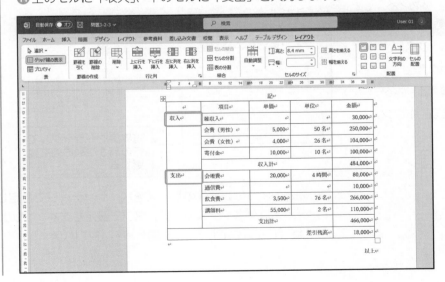

3-2-4　表、行、列のサイズを調整する

練習問題

問題フォルダー
└ 問題 3-2-4.docx

解答フォルダー
└ 解答 3-2-4.docx

【操作 1】競技プログラムの表の幅を「90%」に変更します。
【操作 2】「参加資格」の列の幅をセル内の文字列の長さに合わせて自動調整します。
【操作 3】（確認欄）の表のすべての列の幅を均等にします。

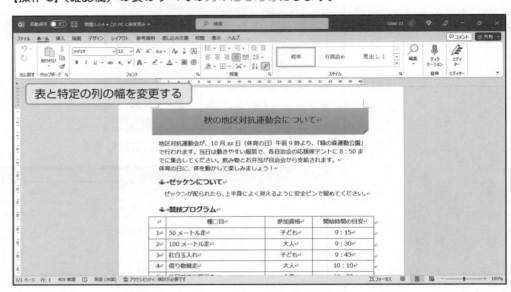

機能の解説

□ 表のサイズ
□ [表のプロパティ]
　　ダイアログボックス
□ 列幅の自動調整
□ [高さ] ボックス
□ [幅] ボックス
□ [高さを揃える] ボタン
□ [幅を揃える] ボタン

表を挿入すると、初期設定では左右の余白を除いた用紙の幅の表が挿入されます。必要に応じて、各列の幅や行の高さ、表全体の大きさを変更します。
Word の表の行の高さや列の幅は、境界となる罫線をマウスでドラッグして変更したり、ダブルクリックしてセル内の文字列の幅に合わせて自動調整することができます。また、表の右下に表示されるサイズ変更ハンドルを斜め方向にドラッグすると表全体の拡大縮小が行えます。

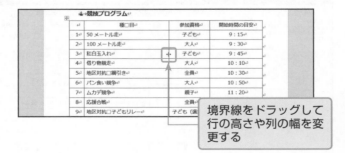

この問題のように表全体のサイズをパーセンテージで指定したい場合は、[表のプロパティ] ダイアログボックスの [表] タブで設定します。[表のプロパティ] ダイアログボックスは、[レイアウト] タブの [プロパティ] ボタンから表示します。

●行の高さや列の幅の指定

表の行の高さは［レイアウト］タブの 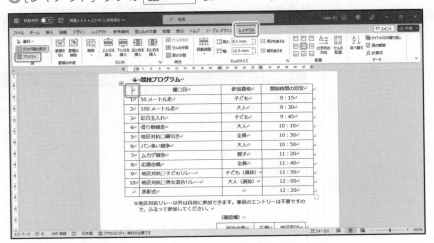（高さ部分）[高さ] ボックス、表の列の幅は ［幅］ ボックスで指定することもできます。ボックス内に直接数値を入力するか、右端の▲や▼をクリックして指定します。また、複数の行の高さや列の幅を均等にすることもできます。複数の行を同じ高さに揃えるには［レイアウト］タブの [高さを揃える] ボタン、複数の列の幅を揃えるには [幅を揃える] ［幅を揃える］ ボタンを使用します。

操作手順

▶ その他の操作方法

[表のプロパティ]ダイアログボックス

［レイアウト］タブの［セルのサイズ］グループ右下の［表のプロパティ］ボタンをクリックしても［表のプロパティ］ダイアログボックスを表示できます。

【操作 1】

❶ 表内にカーソルを移動します。

❷ ［レイアウト］ タブの [プロパティ] ［プロパティ］ ボタンをクリックします。

❸ ［表のプロパティ］ ダイアログボックスが表示されます。

❹ ［表］ タブを選択します。

❺ ［幅を指定する］ チェックボックスがオンでない場合はオンにします。

❻ ［基準］ ボックスの▼をクリックし、［パーセント（%）］ をクリックします。

❼ 左側のボックスに 「90%」 と入力します。

❽ ［OK］ をクリックします。

✎ ポイント

表の幅の拡大縮小

［表のプロパティ］ダイアログボックスの［基準］ボックスで［パーセント（%）］を選択すると、余白を除いた用紙幅を100%として拡大縮小されます。［ミリメートル（mm）］の場合は、［幅を指定する］ボックスに入力した数値の長さになります。

★ ヒント

表の配置

［表のプロパティ］ダイアログボックスの［表］タブの［配置］では、表全体の位置を指定できます。表の位置の指定は、表全体を選択して［ホーム］タブの［段落］グループの各ボタンからも実行できます。

❾表の幅が 90% に縮小されます。

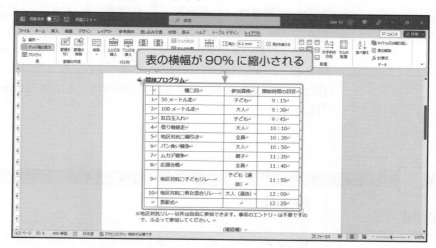

表の横幅が 90% に縮小される

【操作 2】

❿「参加資格」と「開始時間の目安」の境界の罫線をポイントします。

⓫ポインターの形状が ←‖→ に変わったらダブルクリックします。

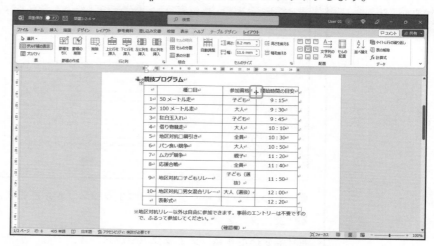

⓬「参加資格」の列の幅がセル内の文字に合わせて自動調整されます。

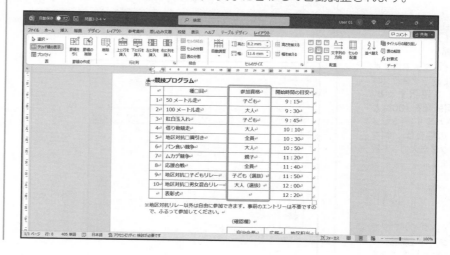

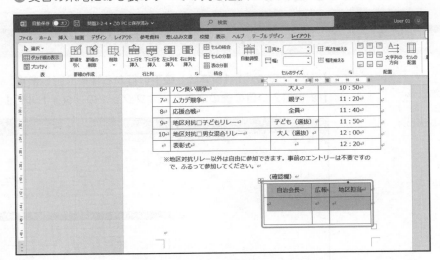

ポイント

列の選択

列の上部をポイントし、マウスポインターが ↓ の形状になったらクリックすると、その列が選択されます。そのままドラッグすると隣接する複数の列を選択できます。

【操作3】

⓭ 文書の末尾にある表のすべての列を選択します。

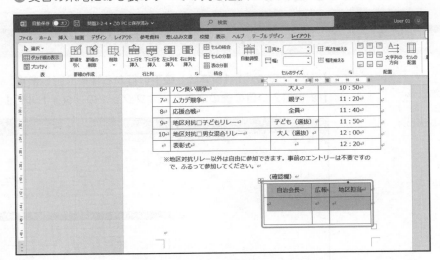

⓮ [レイアウト] タブの 田 幅を揃える [幅を揃える] ボタンをクリックします。

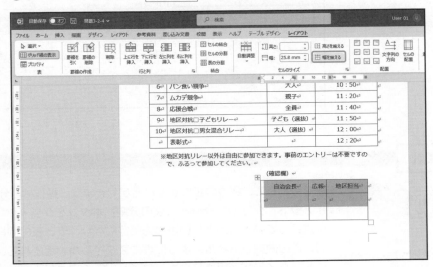

⓯ 選択した列が同じ幅に揃えられます。

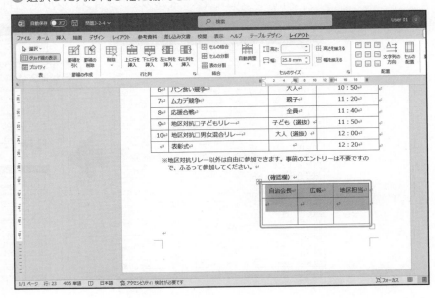

3-2-5 表を分割する

練習問題

問題フォルダー
└ 問題 3-2-5.docx

解答フォルダー
└ 解答 3-2-5.docx

【操作 1】表の「1-15 集計」の下の行から表を分割します。
【操作 2】2 つ目の表のスタイルオプションの「タイトル行」を解除します。

機能の解説

□ 表の分割
□ 表スタイルのオプション

表を分割して、2 つの表にすることができます。操作は、分割したい位置を指定して、[レイアウト] タブの 🖩 表の分割 [表の分割] ボタンをクリックします。カーソルのある行または選択している行が新しい表の先頭行になり、表と表の間には空白行が挿入されます。なお、この問題ファイルのように表にスタイルが設定されている場合は、分割後の新しい表にもスタイルが適用されます。タイトル行の書式が不要な場合など、必要に応じての [レイアウト] タブの [表スタイルのオプション] グループから解除します。

【操作 1】

❶ 表の「1-15 集計」の下の行にカーソルを移動します。

❷［レイアウト］タブの 表の分割 ［表の分割］ボタンをクリックします。

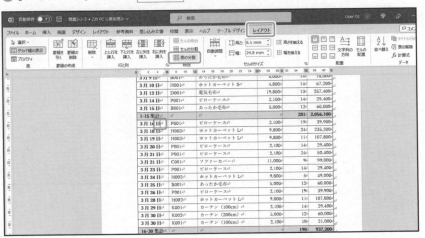

❸ 表が分割され、カーソルのある行が表の先頭行になります。

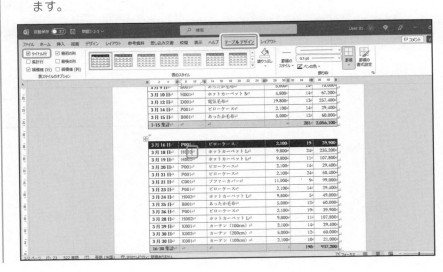

【操作 2】

❹ 2 つ目の表内にカーソルを移動します。

❺［テーブルデザイン］タブの ☑ タイトル行 ［タイトル行］チェックボックスをオフにします。

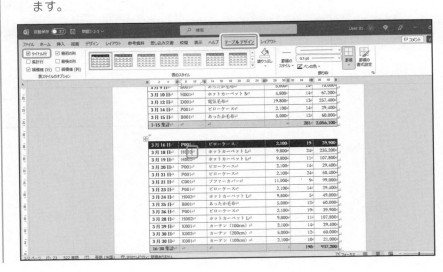

★ ヒント

表の分割の解除

表と表の間の空白行を削除すると、分割していた表が 1 つの表になります。

★ ヒント

タイトル行の設定

この表には［テーブルデザイン］タブの［表のスタイル］の一覧の［一覧（表）3］というスタイルが設定されています。そのため、分割した表にも［タイトル行］が適用されます。

❻ 表のタイトル行の書式が解除されます。

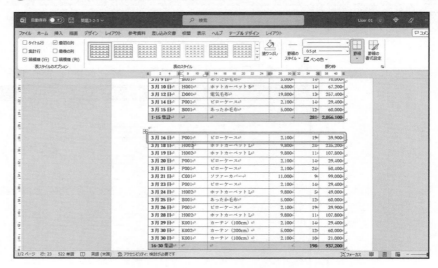

3-2-6 タイトル行の繰り返しを設定する

練習問題

問題フォルダー
└ 問題 3-2-6.docx

解答フォルダー
└ 解答 3-2-6.docx

表の 1 行目をタイトル行として繰り返す設定にして、次ページの表の先頭にも表示される
ようにします。

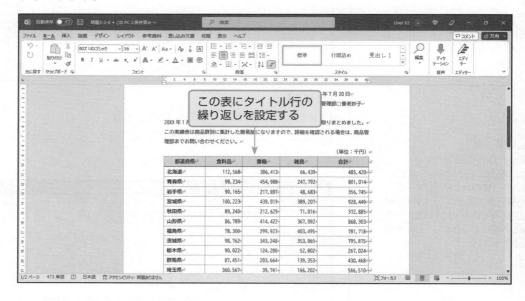

□ タイトル行
□ [タイトル行の繰り返し]
　ボタン

2ページ以上にまたがる大きな表の場合に、表の1行目をタイトル行として、各ページの先頭に表示されるように設定することができます。表の1行目を選択して[レイアウト]タブの　タイトル行の繰り返し　[タイトル行の繰り返し] ボタンをクリックします。2ページ目以降に続く表の先頭に自動的にタイトル行が表示されます。

1ページ目　　　　　　　　　　　　　　　　　　2ページ目

操作手順

① 表の1行目を選択します。

② [レイアウト] タブの　タイトル行の繰り返し　[タイトル行の繰り返し] ボタンをクリックします。

ポイント

タイトル行の繰り返し
タイトル行の繰り返しは、表の1行目だけでなく、表の先頭から連続する複数行を選択して設定することもできます。表の1行目だけの場合は、1行目にカーソルがある状態でも操作できます。

❸ タイトル行が設定されます。1 ページ目の表は変更がないことを確認します。

❹ 次のページにスクロールします。

❺ 2 ページ目の表の先頭にタイトル行が表示されたことを確認します。

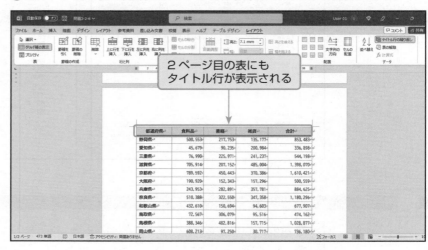

2 ページ目の表にも
タイトル行が表示される

⭐ **ヒント**

タイトル行の繰り返しの解除
タイトル行の繰り返しを解除する
には、表の先頭のタイトル行を選
択して、同じ [タイトル行の繰り返し] [タ
イトル行の繰り返し] ボタンをク
リックします。

3-3 リストを作成する、変更する

箇条書きや段落番号を設定したリストを使用すると、情報が整理された文書を作成することができます。箇条書きには組み込みの行頭文字だけでなく、別の記号や任意の画像などを利用することもできます。また、リストにインデントを設定したり、レベルを切り替えたりすることで、階層構造の読みやすい項目として表示できます。

3-3-1 段落を書式設定して段落番号付きのリストや箇条書きリストにする

練習問題

問題フォルダー
└問題 3-3-1.docx

解答フォルダー
└解答 3-3-1.docx

【操作 1】2 行目「午前の部」と 10 行目「午後の部」の段落に、行頭文字が「◆」の箇条書きを追加します。

【操作 2】「午前の部」と「午後の部」の下の段落に、「1.2.3.」の段落番号を追加します。

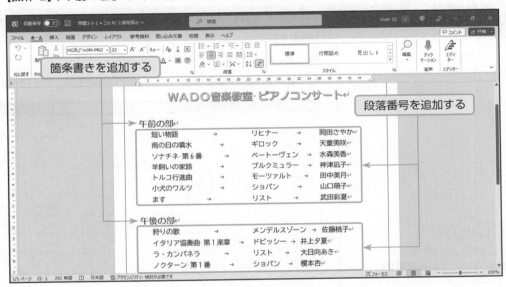

機能の解説

□ 箇条書き
□ 行頭文字
□ 段落番号

同じレベルの情報を併記する場合などに段落を箇条書きにすると見やすくなります。箇条書きを適用するには、対象の段落を選択し、[ホーム] タブの [箇条書き] ボタンをクリックします。初期値では「●」の記号が挿入されます。箇条書きの各行頭に付く記号や文字を行頭文字といい、[箇条書き] ボタンの▼をクリックして表示される [行頭文字ライブラリ] の一覧から選択することができます。

[箇条書き] ボタンの一覧

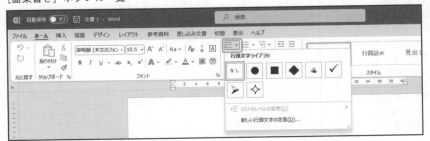

●段落番号

段落番号は、段落の先頭に「1.2.3.」などの番号を挿入して項目の順番をわかりやすくするものです。段落番号は、[ホーム] タブの ⊟ ▾ [段落番号] ボタンの▼をクリックし、[番号ライブラリ] の一覧から選択します。段落の追加や削除をした場合は、自動で段落番号が振り直されます。

[段落番号] ボタンの一覧

操作手順

【操作 1】

❶ 2 行目「午前の部」を行単位で選択します。

❷ **Ctrl** キーを押しながら、10 行目「午後の部」の行を選択します。

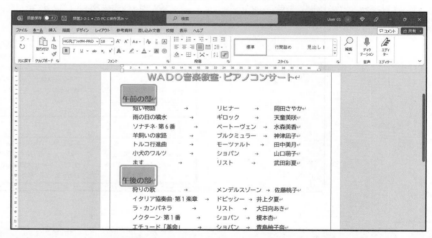

❸ [ホーム] タブの ⊟ ▾ [箇条書き] ボタンの▼をクリックします。

❹ [行頭文字ライブラリ] の一覧から [◆] をクリックします。

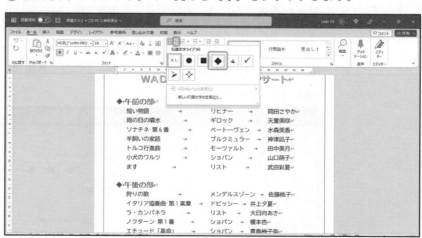

！ポイント

過去に使用した行頭文字

文書内で利用している行頭文字は、[行頭文字ライブラリ] の下に [文書の行頭文字] として表示されます。また、最近使用した行頭文字は、[最近使用した行頭文字] として [行頭文字ライブラリ] の上に表示されます。

その他の操作方法

箇条書き

行頭文字にしたい◆などの記号の入力後に **Space** キーか **Tab** キーを押すと、自動的に箇条書きに設定されます。続けて文字を入力し、**Enter** キーで改行すると次の段落の先頭に同じ行頭文字が挿入されます。箇条書きにしたくない場合は、直後に表示される ⊡ [オートコレクトのオプション] をクリックし、[元に戻す - 箇条書きの自動設定] をクリックするか、**BackSpace** キーで削除します。

❺ 選択した段落に箇条書きが設定されます。

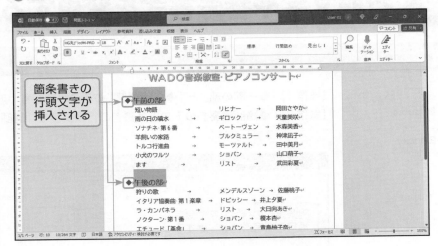

ヒント

箇条書きの解除

箇条書きの設定を解除するには、[ホーム] タブの [箇条書き] ボタンをクリックします。または、[箇条書き] ボタンの▼をクリックして一覧の [なし] を選択します。

【操作 2】

❻ 3 行目「短い物語…」から 9 行目「ます…」を行単位で選択します。

❼ **Ctrl** キーを押しながら、11 行目「狩りの歌…」の行から 16 行目「ため息…」の行までを選択します。

❽ [ホーム] タブの [段落番号] ボタンをクリックします。

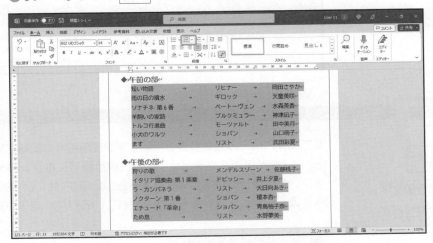

❾ 選択した段落に「1.2.3.」の段落番号が設定されます。

その他の操作方法

段落番号

段落の先頭で「1」の後ろにピリオド (.) を付けて「1.」のように入力し、**Space** キーか **Tab** キーを押すと、自動的に段落番号として設定されます。続けて文字を入力し、**Enter** キーで改行すると連続する段落番号が挿入されます。段落番号にしたくない場合は直後に表示される [オートコレクトのオプション] をクリックし、[元に戻す - 段落番号の自動設定] をクリックするか、**BackSpace** キーで削除します。

ヒント

段落番号の解除

段落番号の設定を解除するには、[ホーム] タブの [段落番号] ボタンをクリックします。または、[段落番号] ボタンの▼をクリックして一覧の [なし] を選択します。

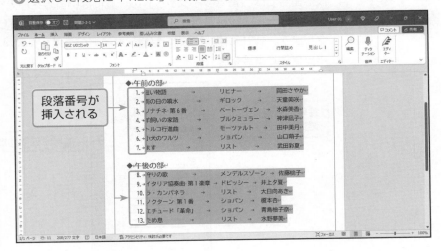

練習問題

問題フォルダー
└問題 3-3-2.docx

解答フォルダー
└解答 3-3-2.docx

【操作 1】「◆午前の部」と「◆午後の部」の下の段落番号の形式を「①②③」に変更します。

【操作 2】「◆講師演奏」の下の箇条書きの行頭文字を「講師 –1, 講師 –2,…」の段落番号に変更します。

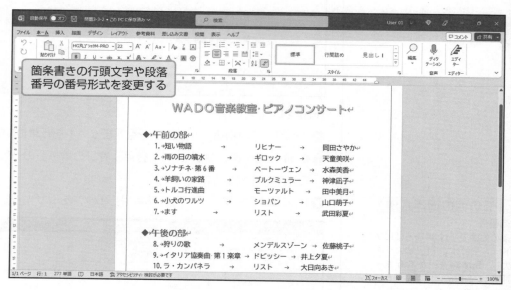

箇条書きの行頭文字や段落番号の番号形式を変更する

機能の解説

重要用語

☐ 箇条書きの行頭文字

☐ 段落番号の番号形式

☐ リスト

☐ [新しい番号書式の定義] ダイアログボックス

すでに挿入済みの箇条書きの行頭文字や段落番号の種類を変更するには、［ホーム］タブの [箇条書き] ボタンや [段落番号] ボタンの▼から別の記号や番号を選択します。箇条書きの段落全体をリストといいます。リスト内のいずれかの段落を選択して操作すると、同じ記号や番号が挿入されているリスト全体が変更されます。

●段落番号の番号書式の設定

段落番号では、［番号ライブラリ］の一覧にない番号を挿入することができます。［ホーム］タブの [段落番号] ボタンの▼をクリックし、［新しい番号書式の定義］をクリックします。［新しい番号書式の定義］ダイアログボックスが表示されるので、［番号の種類］ボックスで番号を選択します。

番号の一覧から選択できる

番号書式を作成できる

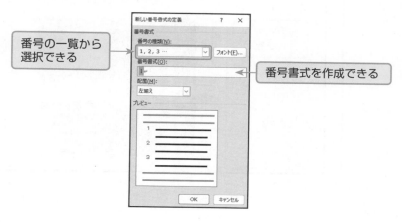

操作手順

★ヒント

箇条書きリストの選択

同じ種類の段落番号が挿入されているリスト全体を変更する場合は、リストのいずれかの段落にカーソルを移動しておくだけで操作できます。特定の段落の段落番号を変更したい場合は、対象となる段落を選択します。

【操作1】

❶「◆午前の部」の下の段落番号のあるいずれかの段落にカーソルを移動します。

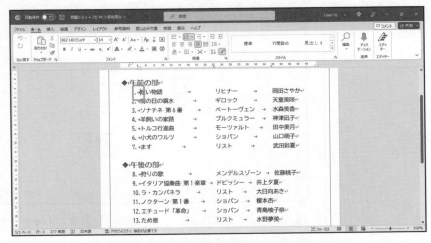

❷［ホーム］タブの ≡▼ ［段落番号］ボタンの▼をクリックします。

❸［番号ライブラリ］の一覧の［①②③］をクリックします。

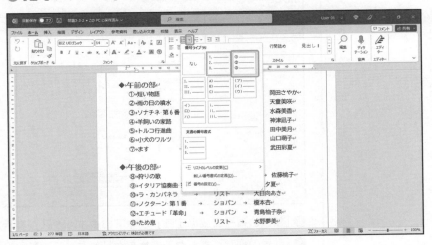

❹ リスト全体の段落番号の形式が変更されます。

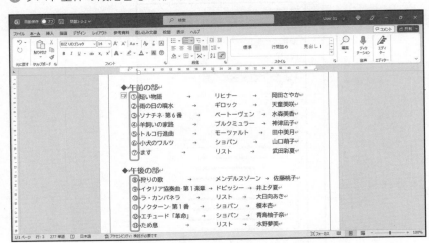

【操作2】

❺ 18行目「◆講師演奏」の下の箇条書きの段落内にカーソルを移動します。

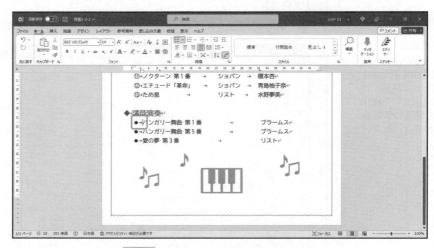

❻［ホーム］タブの ≔▾［段落番号］ボタンの▼をクリックします。

❼［新しい番号書式の定義］をクリックします。

❽［新しい番号書式の定義］ダイアログボックスが表示されます。

❾［番号の種類］ボックスの▼をクリックして、半角の［1,2,3…］を選択します。

⑩ ［番号書式］ボックスに「1」と表示されたことを確認し、「1」の前に「講師 -」（- は半角）と入力します。

⑪ ［プレビュー］を確認します。

⑫ ［OK］をクリックします。

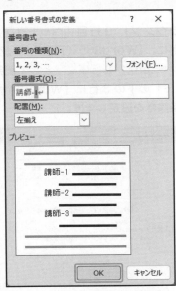

！ ポイント

番号書式
［番号書式］ボックスの「1」は段落番号の連番を表します。「1」の前後に文言を入力して独自の番号書式を作成できます。「1」の後ろに「.」（ピリオド）が挿入されている場合は「.」を削除してください。

⑬ リスト全体の段落番号が変更されます。

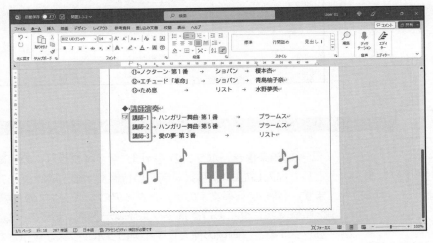

練習問題

問題フォルダー
└ 問題 3-3-3.docx

Word365
（実習用）フォルダー
└ ポイント .png

解答フォルダー
└ 解答 3-3-3.docx

【操作 1】6 行目「カフェラウンジ」、9 行目「ペットケアマンション」、12 行目「スポーツエリア」の段落に、[Word365（実習用）] フォルダーに保存されている画像ファイル「ポイント .png」を行頭文字として箇条書きを設定します。

【操作 2】15 行目「さらに…」の下の 3 行に「Wingdings2」の文字コード「147」を行頭文字として箇条書きを設定します。

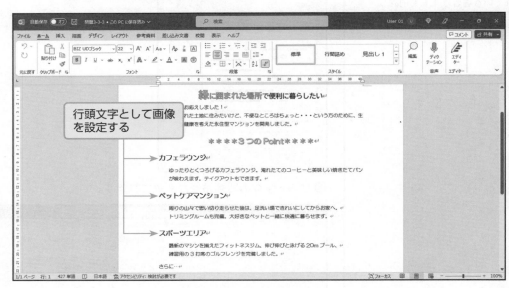

機能の解説

□ 行頭文字
□ 文字コード
□ [新しい行頭文字の定義] ダイアログボックス
□ [記号と特殊文字] ダイアログボックス

[箇条書き] ボタンの [行頭文字ライブラリ] の一覧にはない記号や図を行頭文字として挿入したい場合は、[新しい行頭文字の定義] ダイアログボックスを表示して行います。[新しい行頭文字の定義] ダイアログボックスの [記号] をクリックすると、[記号と特殊文字] ダイアログボックスが表示され、記号の一覧から選択できます。[図] をクリックすると [画像の挿入] ダイアログボックスが表示され、コンピューターに保存してある画像や Web 上から検索した画像を選択することがきます。一度行頭文字として設定すると、次からは [行頭文字ライブラリ] の一覧に表示されるのですぐに選択でき、また他の文書でも利用できます。

［新しい行頭文字の定義］ダイアログボックス

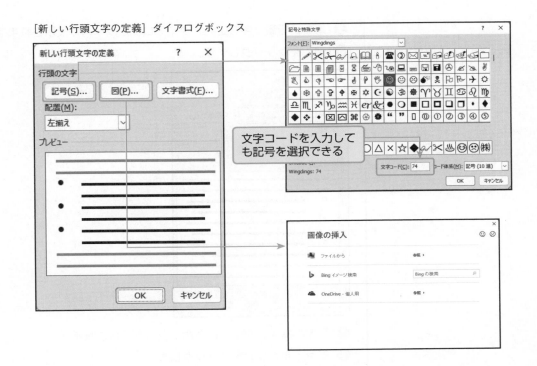

文字コードを入力して
も記号を選択できる

操作手順

【操作 1】

❶ 6 行目「カフェラウンジ」を行単位で選択します。

❷ **Ctrl** キーを押しながら、9 行目「ペットケアマンション」と 12 行目「スポーツエ
リア」の行を選択します。

❸ ［ホーム］タブの 三▾ ［箇条書き］ボタンの▼をクリックします。

❹ ［新しい行頭文字の定義］をクリックします。

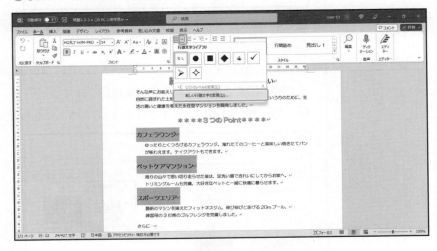

❺ ［新しい行頭文字の定義］ダイアログボックスが表示されます。

❻ ［図］をクリックします。

❼ ［画像の挿入］ダイアログボックスが表示されます。

❽ ［ファイルから］をクリックします。

❾ ［図の挿入］ダイアログボックスが表示されます。

❿ ［ドキュメント］をクリックします。

⓫ ［Word365（実習用）］をダブルクリックし、［ファイルの場所］ボックスに［Word365（実習用）］と表示されることを確認します。

⓬ 一覧から「ポイント」をクリックし、［挿入］をクリックします。

⑬ [新しい行頭文字の定義] ダイアログボックスの [プレビュー] に選択した画像が表示されていることを確認し、[OK] をクリックします。

★ ヒント
追加した行頭文字
追加した行頭文字は、[ホーム] タブの ⃞ [箇条書き] ボタンの▼をクリックして表示される一覧に表示され、他の文書でも利用できるようになります。

⑭ 選択した段落の行頭文字に画像が設定されます。

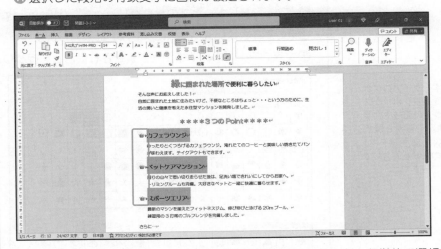

⑮ 16 行目「内科・小児科…」から 18 行目「頼りになる…」を行単位で選択します。

⑯ [ホーム] タブの ⃞ [箇条書き] ボタンの▼をクリックします。

⑰ [新しい行頭文字の定義] をクリックします。

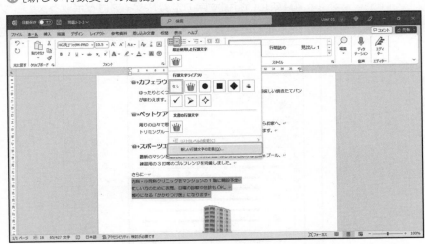

⑱ ［新しい行頭文字の定義］ダイアログボックスが表示されます。

⑲ ［記号］をクリックします。

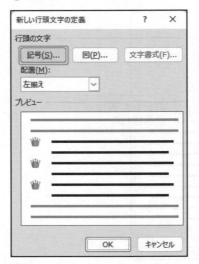

⑳ ［記号と特殊文字］ダイアログボックスが表示されます。

㉑ ［フォント］ボックスの▼をクリックし、［Wingdings2］を選択します。

㉒ ［文字コード］ボックスに「147」と入力します。

㉓ 文字コード「147」の記号が選択されたことを確認し、［OK］をクリックします。

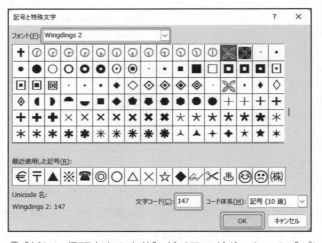

㉔ ［新しい行頭文字の定義］ダイアログボックスの［プレビュー］に選択した記号が表示されていることを確認し、［OK］をクリックします。

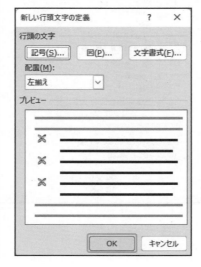

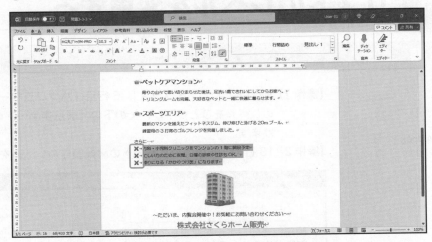

★ヒント
定義した行頭文字の削除
追加した行頭文字を一覧から削除するには、[ホーム]タブの [箇条書き] ボタンの▼をクリックし、[行頭文字ライブラリ]の一覧から削除したい行頭文字を右クリックします。ショートカットメニューが表示されるので、[削除] をクリックします。

㉕ 選択した段落の行頭文字に記号が設定されます。

※ 解答操作が終了したら、必要に応じてヒント「定義した行頭文字の削除」を参考に、追加した行頭文字を一覧から削除してください。

第**3**章　表やリストの管理

3-3-4 リストのレベルを変更する

練習問題

問題フォルダー
　└問題 3-3-4.docx

解答フォルダー
　└解答 3-3-4.docx

【操作 1】3 行目「ステンドグラス」、5 行目「パンフラワー」、7 行目「陶芸」の箇条書きのレベルをひとつ下げ、その下の「展示作品…」の箇条書きのレベルをふたつ下げます。

【操作 2】13 行目「その他のご案内」の箇条書きのレベルをひとつ上げます。

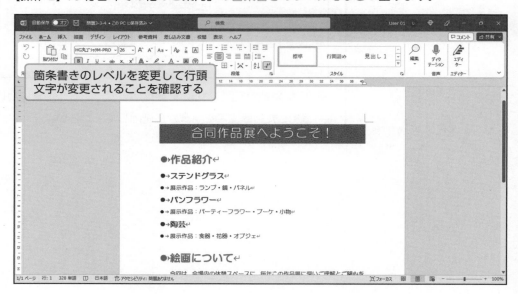

機能の解説

【重要用語】

- □ リスト
- □ 箇条書きや段落番号の
　レベル
- □ [インデントを増やす]
　ボタン
- □ [インデントを減らす]
　ボタン
- □ [リストのレベルの変更]

箇条書きや段落番号を設定した段落はリストと言い、レベルを使用した階層構造で表示することができます。レベルは 9 段階まであり、レベルごとに行頭文字や段落番号の種類が自動的に変わり、左インデントの位置が変更されます。

レベルを設定する最も簡単な方法は、[ホーム] タブの [インデントを増やす] ボタンと [インデントを減らす] ボタンを使用します。レベルが下がるほど、左インデントの位置が右にずれます。

箇条書きのレベルの例

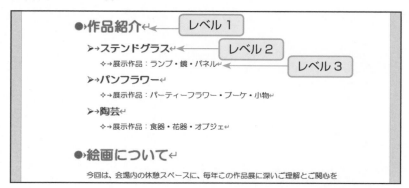

段落番号のレベルの例

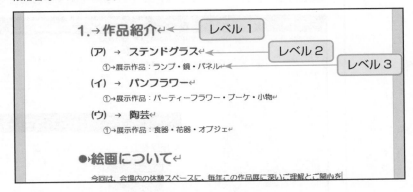

●一覧からリストのレベルを選択

レベルを変更する場合、一覧から目的のレベルを選択することもできます。目的の段落を選択して、☰▾ [箇条書き] ボタンまたは ☰▾ [段落番号] ボタンの▼をクリックし、[リストのレベルの変更] をポイントして一覧から設定したいレベルを選択します。

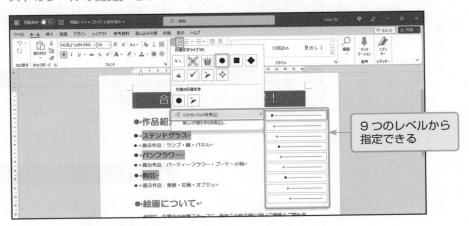

9つのレベルから指定できる

操作手順

【操作1】

❶ 3行目「ステンドグラス」を行単位で選択します。

❷ **Ctrl** キーを押しながら、5行目「パンフラワー」と7行目「陶芸」を行単位で選択します。

❸ [ホーム] タブの ⬚ [インデントを増やす] ボタンをクリックします。

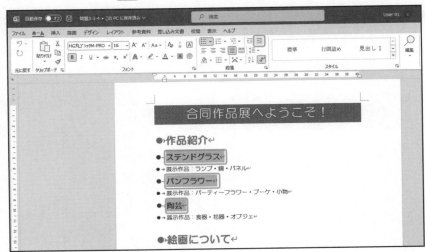

❹ 選択した段落のレベルがひとつ下がり、行頭文字が変更されます。

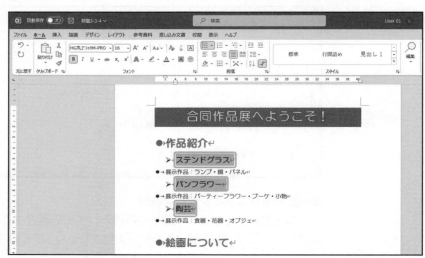

❺ 同様の操作で、4行目「展示作品…」、6行目「展示作品…」、8行目「展示作品…」
を行単位で選択します。

❻ ［ホーム］タブの ［インデントを増やす］ボタンを2回クリックします。

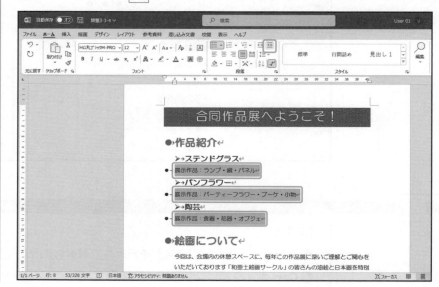

❼ 選択した段落のレベルがふたつ下がり、行頭文字が変更されます。

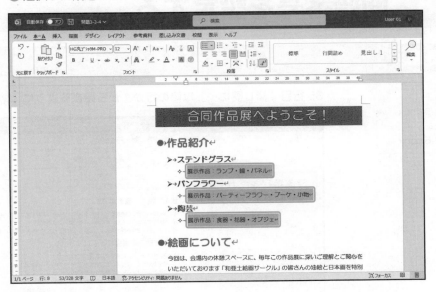

【操作2】

❽ 13行目「その他のご案内」の段落にカーソルを移動します。

❾ [ホーム] タブの [インデントを減らす] ボタンをクリックします。

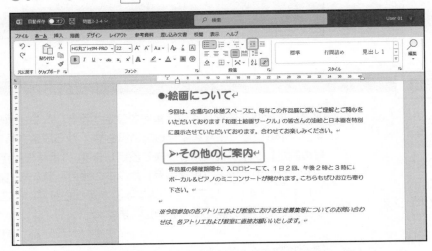

❿ 選択した段落のレベルがひとつ上がり、行頭文字が変更されます。

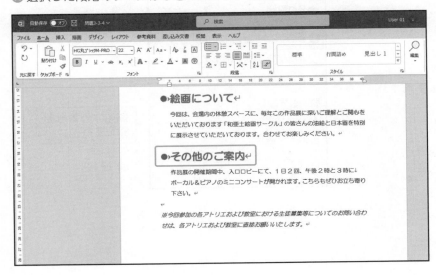

その他の操作方法

レベルを上げる

段落を行単位で選択して **Shift** キーを押しながら **Tab** キーを押しても、箇条書きのレベルを上げることができます。

3-3-5 開始番号を設定する

問題フォルダー
└ 問題 3-3-5.docx

解答フォルダー
└ 解答 3-3-5.docx

35 行目「蒸し器に…」以降の行が⑦から始まるように段落番号を変更します。

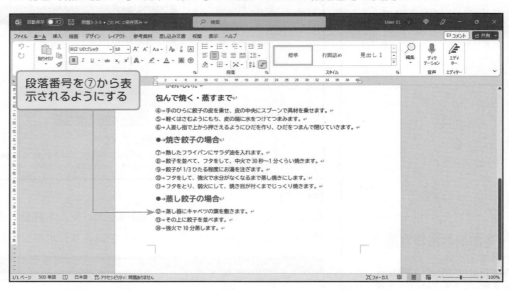

機能の解説

□ 段落番号の変更
□ [番号の設定]
　ダイアログボックス

連続した範囲を選択して段落番号を設定すると、1 から連続する番号が段落に挿入されます。途中の段落で番号を変更したい場合や 1 から段落番号を振り直したい場合などは、[番号の設定] ダイアログボックスで設定します。[番号の設定] ダイアログボックスは、[ホーム] タブの [段落番号] ボタンの▼の一覧から [番号の設定] をクリックして表示します。[新しくリストを開始する] が選択されていることを確認して、[開始番号] ボックスで変更後の開始番号を指定します。

[番号の設定] ダイアログボックス

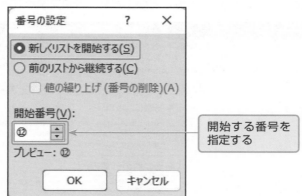

❶ 35 行目「⑫蒸し器に…」の段落内にカーソルを移動します。

❷ [ホーム] タブの [三 ▾] [段落番号] ボタンの▼をクリックします。

❸ [番号の設定] クリックします。

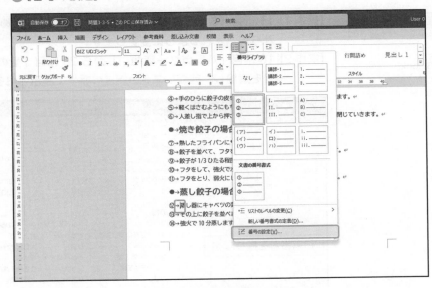

❹ [番号の設定] ダイアログボックスが表示されます。

❺ [新しくリストを開始する] が選択されていることを確認します。

❻ [開始番号] ボックスに「7」と入力するか、▼をクリックして、[⑦] を指定します。

❼ [OK] をクリックします。

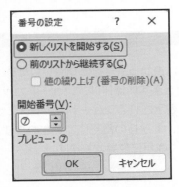

❽ 35 行目以降が⑦から始まる段落番号に変更されます。

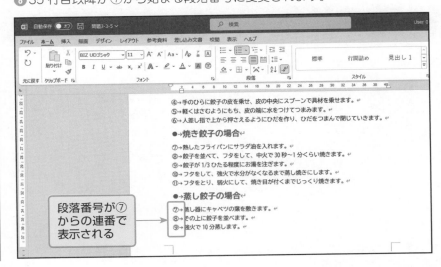

段落番号が⑦
からの連番で
表示される

3-3-6　リストの番号を振り直す、続けて振る

練習問題

問題フォルダー
└ 問題 3-3-6.docx

解答フォルダー
└ 解答 3-3-6.docx

【操作 1】11 行目「8. 狩りの歌…」から 16 行目「13. ため息…」の行の段落番号を「1.」から表示されるように変更します。

【操作 2】18 行目「ハンガリー舞曲…」から 20 行目「愛の夢…」に文書内と同じ段落番号を追加し、前のリストの続きの番号で表示されるようにします。

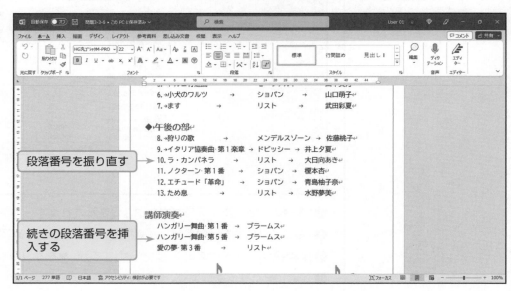

機能の解説

□ 段落番号の振り直し
□ 連続番号に変更
□ ［1 から再開］
□ ［自動的に番号を振る］

段落に追加した段落番号は、後から番号を振り直ししたり、前のリストから続く連続番号に変更したりすることができます。操作は、ショートカットメニューから実行できます。段落内を右クリックすると表示されるショートカットメニューの［1 から再開］を選択すると、新しいリストとなり、1 からの番号に変更されます。［自動的に番号を振る］を選択すると、上の段落から続く番号に変更されます。

段落番号のショートカットメニュー

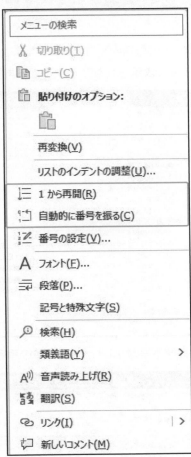

また、段落番号を追加した直後は、余白に表示されるスマートタグの 〔オートコレクトのオプション〕ボタンをクリックして、番号を変更することもできます。

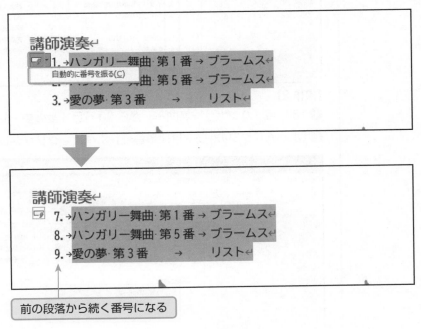

前の段落から続く番号になる

【操作1】

❶ 11行目「8. 狩りの歌…」の段落内を右クリックします。

❷ ショートカットメニューが表示されるので、[1から再開]をクリックします。

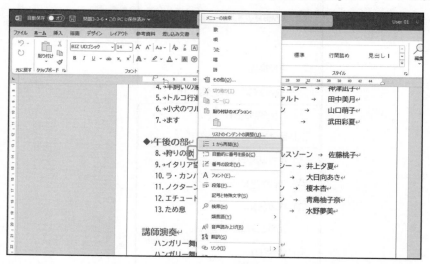

❸ 16行目までの段落の段落番号が「1.」から「6.」の番号に変更されます。

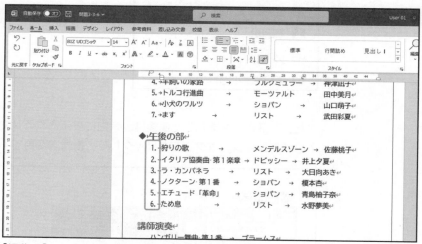

【操作2】

❹ 18行目「ハンガリー舞曲…」から20行目「愛の夢…」の行を選択します。

❺ [ホーム]タブの [段落番号]ボタンをクリックします。

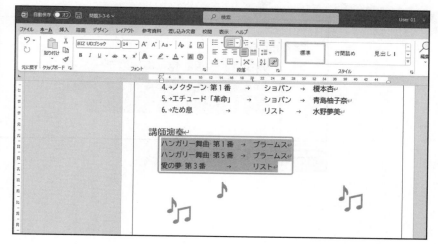

❻ 選択した段落に段落番号が挿入されます。

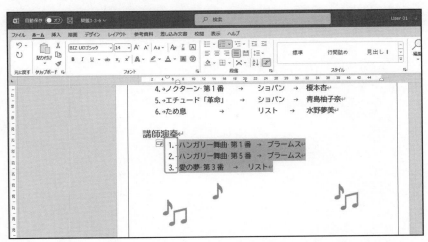

❼ 余白に表示されている [オートコレクトのオプション]ボタンをクリックします。

❽ [自動的に番号を振る] をクリックします。

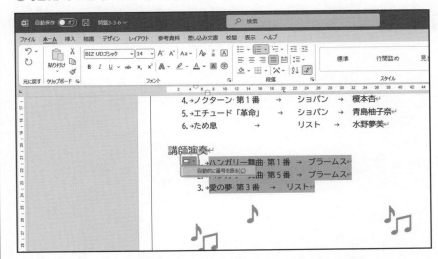

❾ 選択した段落の段落番号が「7.」から始まる番号に変更されます。

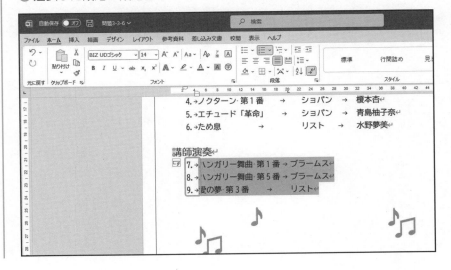

4

参考資料の作成と管理

本 章 で 学 習 す る 項 目

□ 脚注と文末脚注を作成する、管理する

□ 目次を作成する、管理する

4-1 脚注と文末脚注を作成する、管理する

Wordには、文書の仕上げをするための便利な機能が用意されています。特定の語句に注釈を加える脚注、参考にした文献の情報を挿入する資料文献の機能があります。これらの機能は［参考資料］タブを使用します。脚注は、挿入する位置や番号の書式などの詳細を設定することができます。

4-1-1 脚注や文末脚注を挿入する

練習問題

問題フォルダー
└問題 4-1-1.docx
解答フォルダー
└解答 4-1-1.docx

【操作 1】1 ページ 14 行目「約 80% 減」の後ろに「標準モード時」、2 ページ 1 行目の行末（「主な仕様」の後ろ）に「今後変更される可能性があります」という文末脚注を設定します。

【操作 2】脚注領域の番号と文字列のフォントを「MS ゴシック」に変更します。

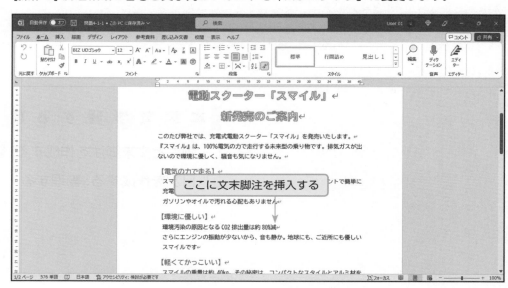

機能の解説

🏷 重要用語

□ 脚注
□ 文末脚注
□ ［脚注の挿入］ボタン
□ ［文末脚注の挿入］ボタン
□ 脚注番号
□ 脚注領域

脚注とは、本文中の語句に番号を付けて、その語句に関する短い補足説明や用語解説などの注釈を関連付けて表示する機能です。Word では各ページの下部に表示する脚注と、文書の末尾に文書全体の脚注をまとめて表示する文末脚注が利用できます。ページの下部または文書の末尾に作成される注釈用の領域に、脚注番号で関連付けた注釈文を入力します。脚注を挿入するには、単語の後ろにカーソルを移動し、［参考資料］タブの  ［脚注の挿入］ボタン、または 🗐 文末脚注の挿入 ［文末脚注の挿入］ボタンをクリックします。カーソルの位置に脚注番号が挿入され、ページの下部または文書の末尾の脚注領域内にカーソルが移動します。入力した脚注の文章には書式を設定することもできます。

脚注

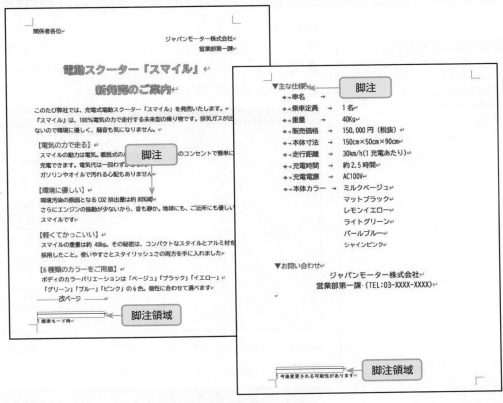

文末脚注

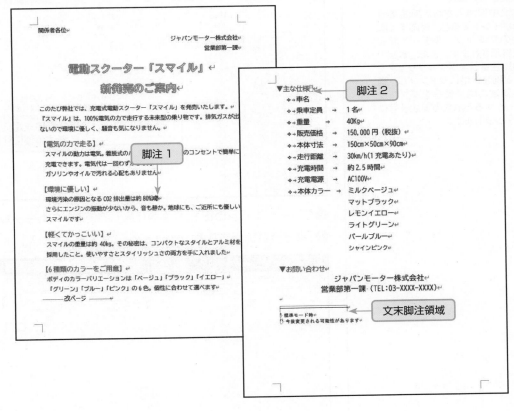

ショートカットキー
Ctrl+**Alt**+**D** キー
（文末脚注の挿入）
Ctrl+**Alt**+**F** キー
（脚注の挿入）

【操作1】

❶ 1ページ14行目「約80%減」の後ろにカーソルを移動します。

❷ ［参考資料］タブの ［文末脚注の挿入］ ボタンをクリックします。

❸ カーソルの位置に脚注番号が挿入されます。

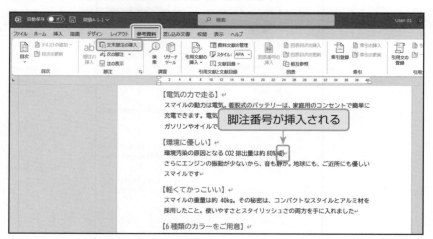

❹ 同時に文書の末尾に脚注領域が作成されて、その中にカーソルが移動します。

❺ 「標準モード時」と脚注を入力します。

ヒント
脚注番号と脚注
本文中に挿入された脚注番号
をポイントすると、対応する脚
注の文章がツールチップ形式
で表示されます。また、本文中
の脚注番号をダブルクリックす
ると脚注領域にジャンプし、脚
注領域の脚注番号をダブルク
リックすると本文の脚注番号に
ジャンプします。

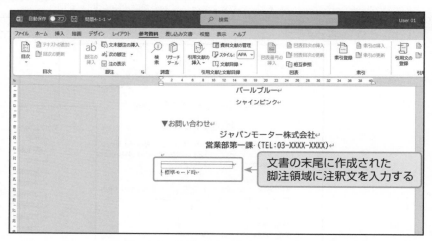

❻ 2ページ1行目の行末（「主な仕様」の後ろ）にカーソルを移動します。

❼ ［参考資料］タブの ［文末脚注の挿入］ ボタンをクリックします。

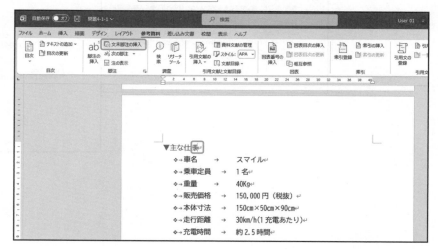

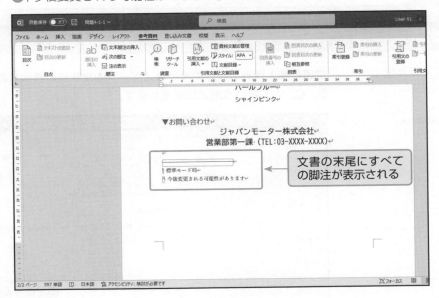

★ ヒント
脚注の削除
脚注を削除するには、本文中の脚注番号をドラッグして選択し、**Delete** キーを押します。

★ ヒント
脚注番号
脚注番号は自動的に文書の先頭ページからの連続番号（初期設定では「ⅰ，ⅱ，ⅲ，…」）になります。脚注が設定された文章の位置を入れ替えると、脚注番号は自動的に変更されます。

❽ カーソルの位置に脚注番号が挿入され、文書の末尾の脚注領域にカーソルが移動します。

❾「今後変更される可能性があります」と脚注を入力します。

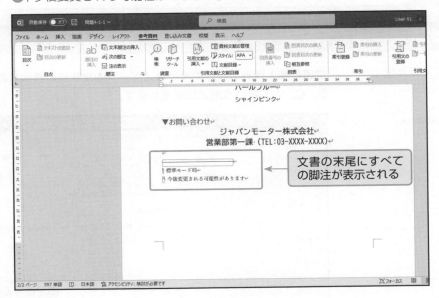

文書の末尾にすべての脚注が表示される

【操作 2】

❿ 文末脚注の領域の番号と文字列を選択します。

⓫ ［ホーム］タブの 游明朝 (本文のフォン ▾ ［フォント］ボックスの▼をクリックします。

⓬ ［MS ゴシック］をクリックします。

⓭ 脚注の書式が変更されます。

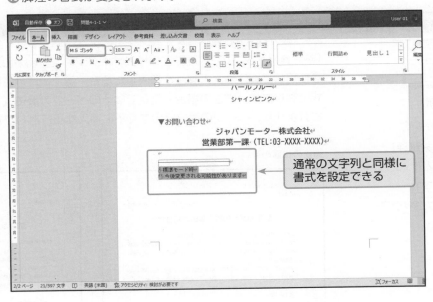

通常の文字列と同様に書式を設定できる

第 **4** 章

参考資料の作成と管理

4-1-2 脚注や文末脚注のプロパティを変更する

練習問題

問題フォルダー
└ 問題 4-1-2.docx

解答フォルダー
└ 解答 4-1-2.docx

文書に挿入済みの脚注の場所を「ページ内文字列の直後」、番号書式を現在の形式から「A，B，C，…」という形式に変更します。

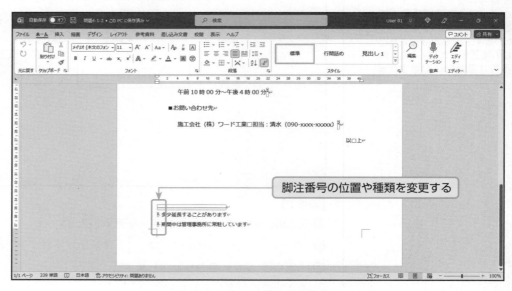

機能の解説

重要用語

□ 脚注の場所

□ 脚注の番号書式

□ [脚注と文末脚注]
　ダイアログボックス

□ [脚注の変更]
　ダイアログボックス

[参考資料] タブの ![ab 脚注の挿入] [脚注の挿入] ボタンや ![文末脚注の挿入] [文末脚注の挿入] ボタンを使用して脚注や文末脚注を挿入した場合、脚注領域の位置や番号の書式は初期設定の形式になります。脚注の場合、既定ではそのページの最後（下余白のすぐ上の位置）に挿入されますが、ページの最終行のすぐ下に挿入することもできます。

脚注の位置の違い

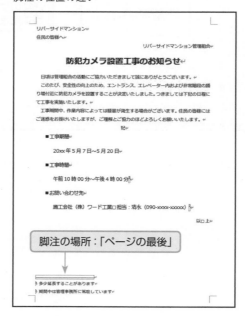

脚注の場所：「ページの最後」

脚注の場所：
「ページ内文字列の直後」

挿入済みの脚注の位置や番号の書式を変更したり、番号の付け方などを設定するには、[脚注と文末脚注] ダイアログボックスを使用します。[脚注と文末脚注] ダイアログボックスでは、挿入済みの脚注を変更できるだけでなく、最初から詳細な設定をして脚注を挿入することもできます。また、[変換] ボタンから [脚注の変更] ダイアログボックスを使用して、挿入済みの脚注を文末脚注に変更したり、その逆も操作することができます。

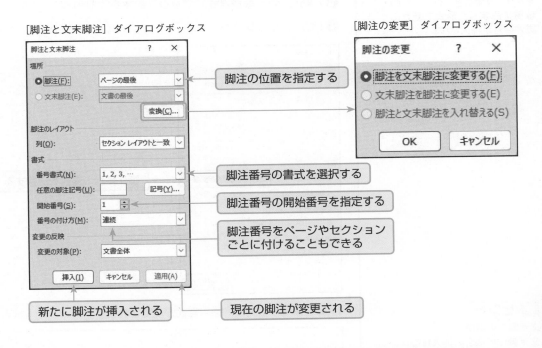

[脚注と文末脚注] ダイアログボックス　　　　　　　　　　　　　[脚注の変更] ダイアログボックス

- 脚注の位置を指定する
- 脚注番号の書式を選択する
- 脚注番号の開始番号を指定する
- 脚注番号をページやセクションごとに付けることもできる
- 新たに脚注が挿入される
- 現在の脚注が変更される

操作手順

ポイント

脚注の変更

すでに挿入済みの脚注を変更するには、あらかじめ脚注領域にカーソルを移動しておきます。

❶ 脚注の領域にカーソルを移動します。

❷ [参考資料] タブの [脚注] グループ右下の 🔽 [脚注と文末脚注] ボタンをクリックします。

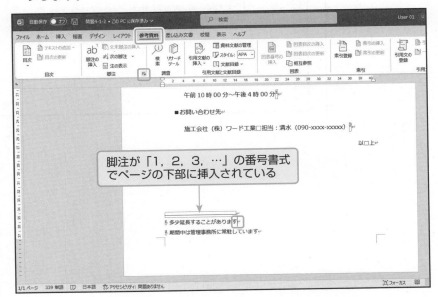

脚注が「1, 2, 3, …」の番号書式でページの下部に挿入されている

③［脚注と文末脚注］ダイアログボックスが表示されます。

④［場所］の［脚注］が選択されていることを確認します。

⑤［脚注］の右側の［ページの最後］と表示されているボックスの▼をクリックし、［ページ内文字列の直後］を選択します。

⑥［書式］の［番号書式］ボックスの▼をクリックし、「A，B，C，…」を選択します。

⑦［適用］をクリックします。

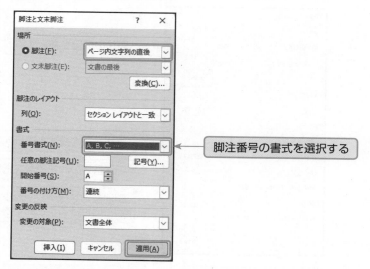

⑧ 脚注領域が移動し、番号書式が変更されます。

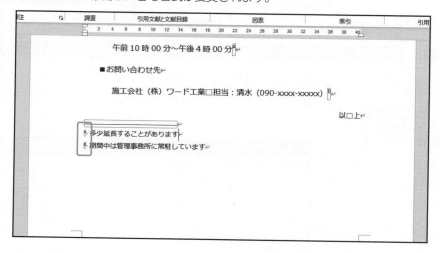

4-2 目次を作成する、管理する

ここでは、目次を挿入する方法を学習します。Word では見出しスタイルの段落の情報を基に目次を作成することができます。見出しを修正したり、移動した場合には、最新の目次に更新することができます。目次には、一覧から選択する組み込みの目次と書式やアウトラインのレベルなどをユーザーが設定して作成する目次があります。

4-2-1 目次を挿入する

練習問題

問題フォルダー
└ 問題 4-2-1.docx

解答フォルダー
└ 解答 4-2-1.docx

1 ページ 3 行目に自動作成の目次を挿入します。目次のスタイルは「自動作成の目次 2」にします。

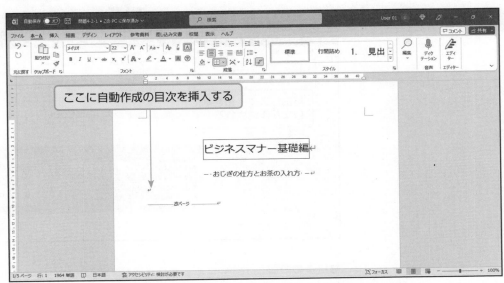

機能の解説

□ 目次
□ 自動作成の目次
□ 見出しスタイル
□ アウトラインレベル
□ 目次の更新
□ 目次の削除

目次とは、指定した段落の文字列を項目名として、ページ番号とともに表示する機能です。Word では、文書に設定した見出しスタイル（またはアウトラインレベル）を抽出して、自動的に目次を作成することができます。目次を作成するには、あらかじめ目次の項目にしたい箇所に見出しスタイルを設定しておきます。

目次の挿入は、[参考資料] タブの [目次] ボタンをクリックします。ここに表示される [組み込み] の目次（[自動作成の目次 1] または [自動作成の目次 2]）はスタイルや書式を細かく指定する必要がなく、選択するだけで目次が挿入されます。

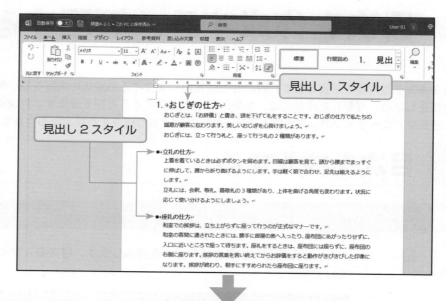

ポイント

見出しスタイル

見出しスタイルは［ホーム］タ
ブの［スタイル］の一覧から選
択して設定します。この文書に
は、右図のように、あらかじめ［見
出し1］スタイルと［見出し2］
スタイルが設定されています。

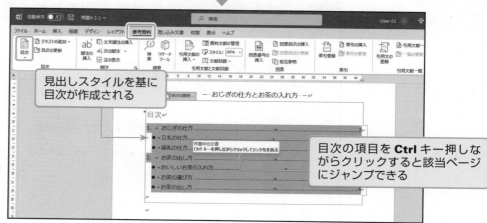

●目次の更新

目次を作成した後に、文章の追加や削除で見出しの位置が変わったり、見出しの語句を変
更したりした場合には、目次を最新の内容にすることができます。目次の更新は、［参考
資料］タブの ［目次の更新］ ［目次の更新］ボタンをクリックします。［目次の更新］ダイア
ログボックスが表示されるので、ページ番号だけを更新するか、目次の内容すべてを更新
するかのどちらかを選択します。

［目次の更新］ダイアログボックス

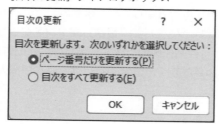

●目次の削除

挿入した目次は通常の行と同様の操作で削除することができますが、目次全体をすばやく
削除するには、［参考資料］タブの ［目次］ボタンをクリックし、［目次の削除］をク
リックします。

operation

操作手順

❶ 1 ページ 3 行目にカーソルを移動します。

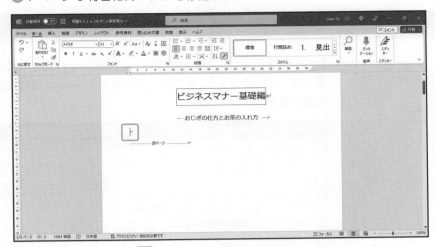

❷ [参考資料] タブの [目次] ボタンをクリックします。

❸ [組み込み] の一覧から [自動作成の目次 2] をクリックします。

★ ヒント

[組み込み] の目次の種類

[目次] ボタンに表示される [組み込み] の [自動作成の目次 1] と [自動作成の目次 2] はどちらも自動で目次を作成します。先頭の語句が「内容」か「目次」かの違いだけで、表示される内容は同じです。[手動作成目次] は項目を手入力して目次を作成します。

[目次] ボタン

❹ カーソルの位置に目次が挿入されます。

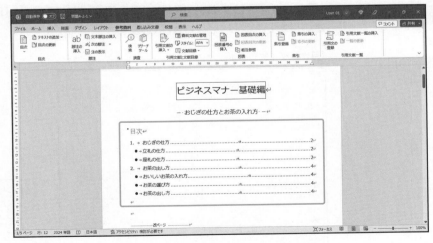

第**4**章 参考資料の作成と管理

4-2-2 ユーザー設定の目次を作成する

練習問題

問題フォルダー
 └問題 4-2-2.docx

解答フォルダー
 └解答 4-2-2.docx

1 ページ 4 行目に、次の設定でユーザー設定の目次を作成します。
書式は「エレガント」、タブリーダーは「--------」、目次のアウトラインレベルは「1」に
設定します。

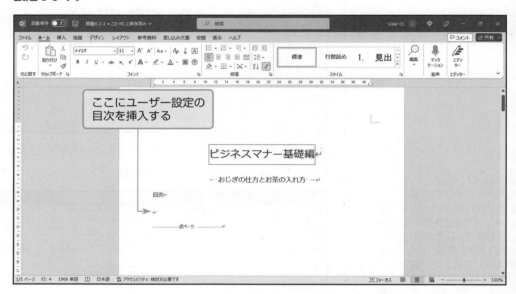

機能の解説

> **重要用語**

□ [目次] ダイアログ
　 ボックス
□ 目次の書式
□ アウトラインレベル
□ 目次レベル
□ [ユーザー設定の目次]

[目次] ダイアログボックスを利用すると、あらかじめ用意されている自動作成の目次ス
タイルは使わずに、ユーザーが設定した独自の目次を作成することができます。設定でき
る内容は、ページ番号の位置やタブリーダー（見出しとページ番号の間の線）などの目次
の書式や、目次に表示するアウトラインレベルなどが指定できます。アウトラインレベル
とは、通常は「見出し」スタイルのレベルのことです。
[目次] ダイアログボックスは、[参考資料] タブの ⊞目次 [目次] ボタンから [ユーザー設
定の目次] をクリックして表示します。

[目次] ダイアログボックス

❶ 1ページ4行目の「目次」の下の段落の先頭にカーソルを移動します。

❷ [参考資料] タブの [目次] ボタンをクリックします。

❸ [ユーザー設定の目次] をクリックします。

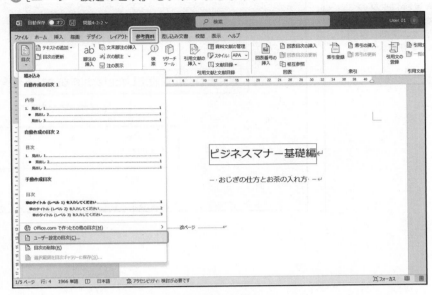

❹ [目次] ダイアログボックスが表示されます。

❺ [書式] ボックスの▼をクリックして、[エレガント] をクリックします。

❻ [タブリーダー] ボックスの▼をクリックして「----------」をクリックします。

❼ [アウトラインレベル] ボックスの▼をクリックして、「1」に設定します。

❽ [印刷イメージ] ボックスで目次のイメージを確認し、[OK] をクリックします。

ポイント

目次の書式

[書式] ボックスで指定できる目次の書式とは、目次の見出しやページ番号のスタイル、タブリーダーの種類などがセットになったものです。タブリーダーを変更したい場合は、書式を選択した後で[タブリーダー] ボックスで指定します。選択した目次のイメージは、上部の [印刷イメージ] に表示されます。

ヒント

目次の変更

すでに文書に挿入済みの目次も[目次] ダイアログボックスで内容を変更することができます。

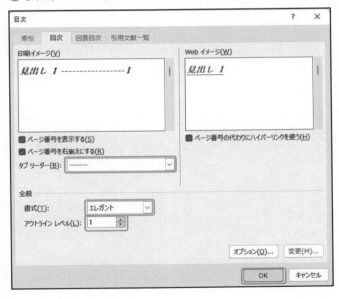

目次を削除するには、[参考資料]
タブの［目次］ボタンをクリック
して、[目次の削除]をクリック
します。目次を最新の内容に更新
するには、[参考資料]タブの
🗋 目次の更新 [目次の更新] ボタン
をクリックし、[目次の更新] ダ
イアログボックスで更新内容を選
択します。

目次
∨
　　　［目次］ボタン

❾ カーソルの位置に書式が設定された目次が挿入されます。

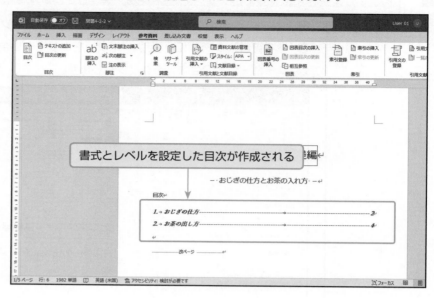

5

グラフィック要素の挿入と書式設定

本章で学習する項目

- ☐ 図やテキストボックスを挿入する
- ☐ 図やテキストボックスを書式設定する
- ☐ グラフィック要素にテキストを追加する
- ☐ グラフィック要素を変更する

5-1 図やテキストボックスを挿入する

ここでは、文書内に、図形や図、テキストボックス、スクリーンショットなどを挿入する方法を学習します。必要に応じてこれらのグラフィック要素を挿入することにより、わかりやすく美しい文書が作成できます。

5-1-1 図形を挿入する

練習問題

問題フォルダー
└ 問題 5-1-1.docx

解答フォルダー
└ 解答 5-1-1.docx

【操作 1】表の上のスペースに、高さ「30mm」、幅「140mm」程度のサイズの「四角形：角度付き」の図形を作成します。

【操作 2】表の「スタート」の下に「矢印：右」の図形を挿入します。

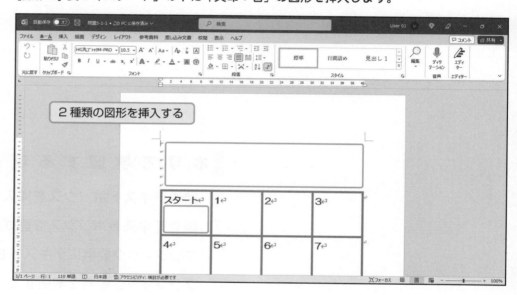

機能の解説

□ 図形

□ [図形] ボタン

図形には、四角形などの基本図形、矢印、吹き出しなどさまざまな種類があります。文書内に図形を挿入するには、[挿入] タブの ［図形▾］ [図形] ボタンの一覧から目的の図形を選択します。マウスポインターの形状が ＋ に変わるので、始点から終点までドラッグして図形を描画します。

図形のサイズは、図形が選択された状態で表示される白色の ○ サイズ変更ハンドルをドラッグしたり、[図形の書式] タブの ［30.99 mm］ [図形の高さ] ボックスと ［140.99 mm］ [図形の幅] ボックスで選択した図形のサイズを確認したり、変更したりすることができます。

【操作1】

❶［挿入］タブの 図形 ［図形］ボタンをクリックします。

❷［基本図形］の一覧から［四角形：角度付き］をクリックします。

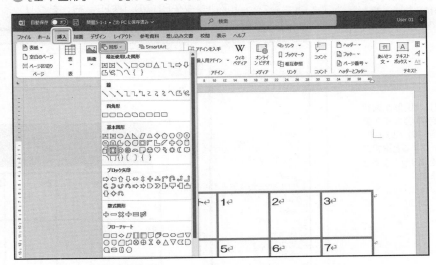

★ ヒント
連続して描画する
同じ図形を続けて描画したい場合は、図形の一覧で目的の図形を右クリックし、［描画モードのロック］をクリックします。1つ目の図形を描いた後も、続けて同じ図形を描画できます。**Esc** キーを押すと終了します。

❸ マウスポインターの形状が ＋ に変わります。

❹ 表の上の部分で左上から右下方向にドラッグして、適当な大きさの図形を作成します。

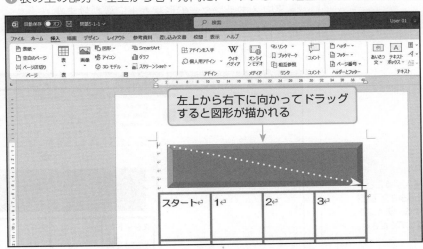

❺ 図形が挿入されます。図形の高さが30mm、幅140mm程度でない場合は［図形の書式］タブの［サイズ］グループの各ボックスで調整します。

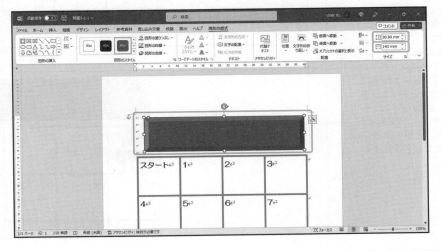

ポイント

図形の作成

既に文書内に別の図形を作成している場合は、その図形を選択すると表示される［図形の書式］タブの［図形の挿入］の一覧からも図形を作成できます。

ヒント

図形の選択

図形の挿入直後は、図形が選択され、周囲に白色の◯サイズ変更ハンドルが表示されています。図形以外をクリックすると選択が解除され、図形をクリックすると図形が選択されます。

ヒント

図形への文字の追加

図形内には文字を挿入することができます。詳細は、「5-3-2 図形にテキストを追加する、テキストを変更する」を参照してください。

ヒント

アイコンの挿入

Word では文書にアイコンを挿入することができます。［挿入］タブの アイコン ［アイコン］ボタンをクリックし、［ストック画像の挿入］ウィンドウからアイコンを選択して挿入します。アイコンを選択すると［グラフィックス形式］タブが表示され、図形と同様に色や枠線、配置などを設定することができます。

【操作2】

❻ 図形が選択されている状態では、[図形の書式]タブが表示されていることを確認します。

❼ ［図形の書式］タブの［図形の挿入］グループの ⬇ ［その他］ボタンをクリックします。

❽ 一覧から［ブロック矢印］の［矢印：右］をクリックします。

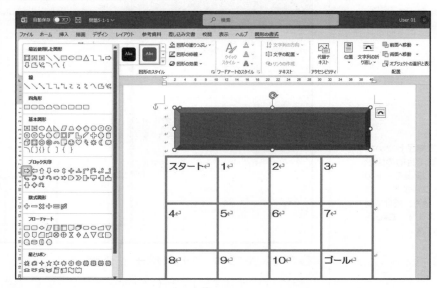

❾ マウスポインターの形状が＋に変わります。

❿ 表の左上のセルの「スタート」の下を左上から右下方向にドラッグして、図形を作成します。

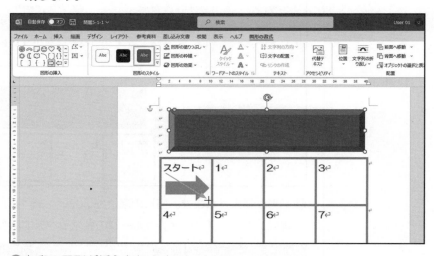

⓫ 矢印の図形が挿入されます。

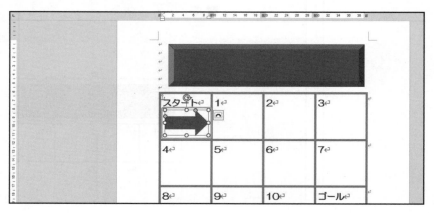

5-1-2 図を挿入する

問題フォルダー
└ 問題 5-1-2.docx

Word365
（実習用）フォルダー
└ 海外研修 1.jpg
└ 海外研修 2.jpg

解答フォルダー
└ 解答 5-1-2.docx

【操作 1】文書の最終行（11 行目）に、[Word365（実習用）] フォルダーに保存されている画像ファイル「**海外研修 1.jpg**」を挿入します。

【操作 2】左側の文書パーツのタイトルの下に画像ファイル「**海外研修 2.jpg**」を挿入します。

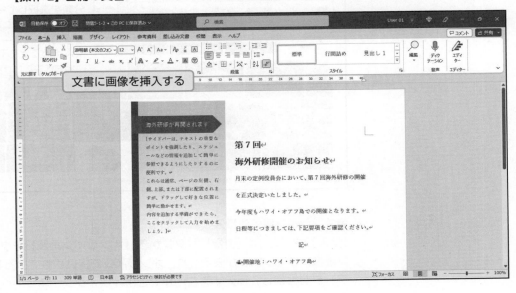

機能の解説

☐ 画像

☐ [図の挿入] ダイアログ
ボックス

☐ [ストック画像]
ウィンドウ

☐ [オンライン画像]
ウィンドウ

文書内に必要に応じて画像ファイルを挿入することで、より見栄えのよい文書を作ることができます。Word では、コンピューターに保存してある画像ファイルやインターネット上の画像を検索して、文書内に挿入することができます。

使用しているコンピューターや接続しているネットワーク上のコンピューターにある画像ファイルの挿入は、[挿入] タブの [画像] ボタンから [図の挿入] ダイアログボックスを表示して行います。

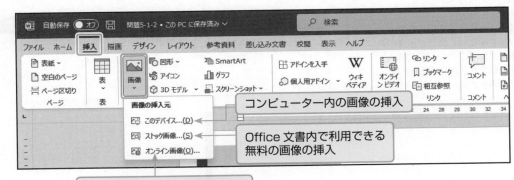

●ストック画像の挿入

ストック画像とは、Office 文書内でのみ利用できる無料の素材データです。画像、アイコン、イラスト、マンガなどの種類があります。[挿入] タブの  [画像] ボタンから [ストック画像] をクリックすると次のようなウィンドウが表示されます。上部に表示される分類を切り替えて素材データの一覧を表示して選択したり、キーワードを入力して検索することもできます（インターネットへの接続が必要です）。

●オンライン画像の挿入

[挿入] タブの  [画像] ボタンから [オンライン画像] をクリックすると、[オンライン画像] ウィンドウが表示され、オンラインで提供されている写真やイラストなどの素材データを検索して挿入することができます（インターネットへの接続が必要です）。既定では、クリエイティブコモンズによってライセンスされた画像が表示されるので、挿入前にライセンスの内容を確認し、利用方法を守って使用するようにします。

操作手順

【操作1】

① 11 行目（本文の末尾）にカーソルを移動します。

② [挿入] タブ 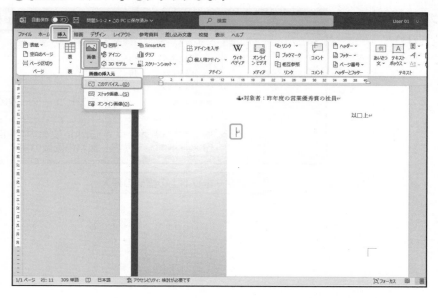 [画像] ボタンをクリックします。

③ [このデバイス…] をクリックします

★ヒント
[画像] ボタン
環境によっては [画像] ボタンをクリック後に [このデバイス…] が表示されずにすぐに [図の挿入] ダイアログボックスが表示される場合があります。

★ヒント
ネットワーク上の
画像ファイル
[図の挿入] ダイアログボックス
の左側の一覧から [ネットワーク]
をクリックすると、ファイル共有
が有効になっている接続されて
いるネットワークのドライブが表
示され、他のコンピューターにあ
る画像ファイルを選択できます。

★ヒント
その他の画像ファイルの挿入
[挿入] タブの ［スクリーンショット▼] [スク
リーンショット] ボタンを使用す
ると、デスクトップ上の別のウィ
ンドウに表示されている内容をそ
のまま画像として挿入することが
できます。詳細は「5-1-5 スク
リーンショットや画面の領域を挿
入する」を参照してください。

★ヒント
代替テキストの自動生成
挿入した画像の下部に「代替テ
キスト：屋外 , 砂浜…」のような
文言が表示される場合がありま
す。これは自動で生成される代替
テキストの内容です。しばらくす
ると非表示になります。

④ [図の挿入] ダイアログボックスが表示されます。

⑤ 左側の一覧から [ドキュメント] をクリックします。

⑥ 一覧から [Word365（実習用）] フォルダーをダブルクリックし、[ファイルの場所]
ボックスに [Word365（実習用）] と表示されることを確認します。

⑦ 一覧から「海外研修1」をクリックし、[挿入] をクリックします。

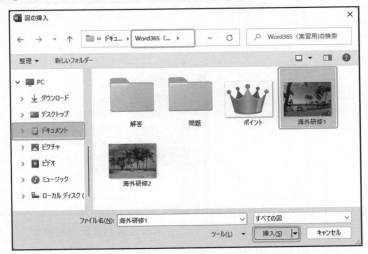

⑧ カーソルの位置に「海外研修1」の画像が挿入されます。

❾ 左側の文書パーツの「サイドバーは、テキストの…」という箇所をクリックします。

❿ 文書パーツの説明文が選択されます。

⓫ [挿入] タブの　[画像] ボタンをクリックし、[このデバイス…] をクリックします。

★ ヒント
文書パーツ
文書パーツとは、デザインや書式が設定されている文書の構成要素です。テキストボックスやヘッダーやフッター、表紙などの種類があります。この文書には、「細い束 - サイドバー」というテキストボックスが挿入されています。

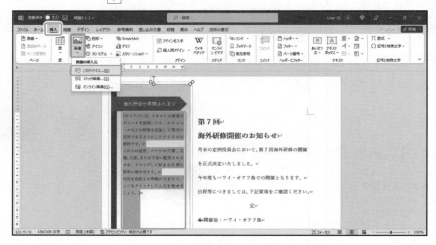

⓬ [図の挿入] ダイアログボックスが表示されます。

⓭ [Word365（実習用）] フォルダーが表示されていることを確認して、「海外研修2」をクリックし、[挿入] をクリックします。

⓮ 文書パーツ内に「海外研修2」の画像が挿入されます。

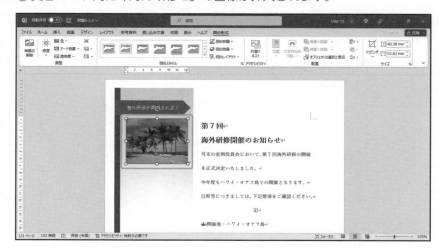

5-1-3 3D モデルを挿入する

練習問題

問題フォルダー
└ 問題 5-1-3.docx

Word 365
（実習用）フォルダー
└ Mouse.obj

解答フォルダー
└ 解答 5-1-3.docx

【操作 1】文書の 14 行目の空白行に、[Word365（実習用）] フォルダーに保存されている 3D モデルのファイル「Mouse」を挿入します。

【操作 2】3D モデルの表示方向を、「左上背面」に切り替えます。

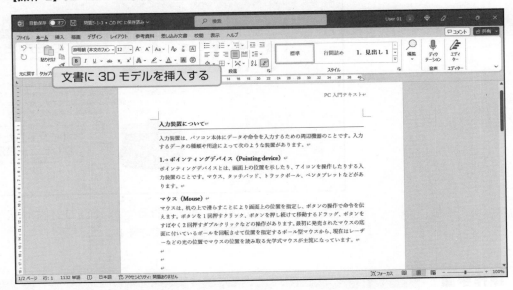

機能の解説

重要用語

□ 3D モデル
□ 3D モデルビュー

★ヒント

3D モデル用の Windows アプリ

3D モデルは、3D 制作専用のソフトウェアを使用して作成しますが、Windows 11 には、標準では付属していません。3D モデルを表示する「3D Viewer」と 3D モデルの表示と作成ができる「ペイント 3D」というアプリなどは Microsoft Store から入手できます。

Word では、文書に 3D モデルを挿入することができます。3D モデルとは、3 次元コンピューターグラフィックス（3DCG）の技術を用いて作成された人や動物などの画像です。3DCG は、3 次元の立体をコンピューターの演算によって 2 次元の平面上に表す技術で、映像やコンピューターゲーム、CAD などの分野に利用されています。Word 文書に挿入した 3D モデルは、回転したり、傾けたりして 360 度の全角度から表示させることができます。使用しているコンピューターにある 3D モデルを挿入するには、[挿入] タブの　[3D モデル ∨]　[3D モデル] ボタンの▼をクリックして、[このデバイス] を選択します。次に [3D モデルの挿入] ダイアログボックスが表示されるので、3D モデルを指定します。

● 3D モデルの表示方向

3D モデルの挿入時は、正面から見た画像として挿入されます。3D モデルを回転させたり、表示方向を変えて表示するには、3D モデルを選択すると表示される［3D モデルツール］の［3D モデル］タブの［3D モデルビュー］を使用します。一覧から上下や左右、斜めなど表示のイメージを確認しながら選択できます。

［3D モデル］タブの［3D モデルビュー］の一覧

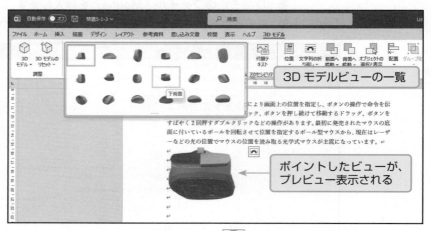

また、3D モデルの中央に表示される ⊕ ［3D コントロール］をドラッグして自由に回転させたり、傾きを変えることができます。

操作手順

【操作 1】

❶ 14 行目にカーソルを移動します。

❷ ［挿入］タブの ⊡ 3D モデル ˅ ［3D モデル］ボタンの▼をクリックします。

❸ ［このデバイス…］をクリックします。

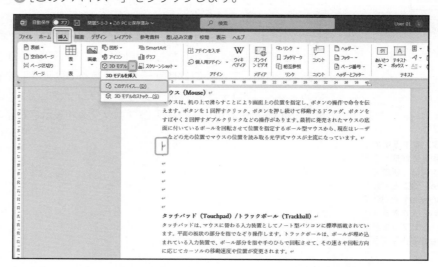

❹ ［3D モデルの挿入］ダイアログボックスが表示されます。

❺ 左側の一覧から［ドキュメント］をクリックします。

❻ 一覧から［Word365（実習用）］をダブルクリックし、［ファイルの場所］ボックスに［Word365（実習用）］と表示されることを確認します。

❼一覧から「Mouse」をクリックし、[挿入]をクリックします。

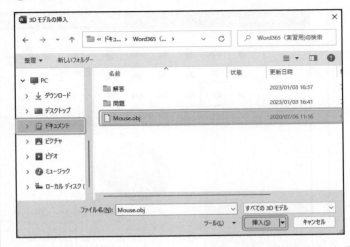

❽カーソルの位置に「Mouse」の3Dモデルが挿入されます。

★ヒント
3Dモデルのレイアウト
3Dモデルを挿入すると既定では文字の上に配置される[前面]のレイアウトで挿入されます。このレイアウトは変更することができます。「5-4-2 オブジェクトの周囲の文字列を折り返す」を参照してください。

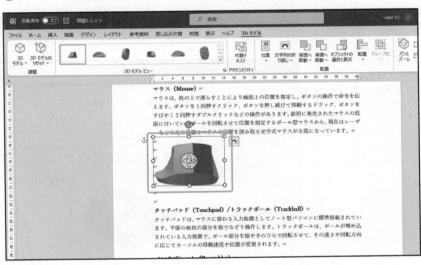

【操作2】

❾[3Dモデル]タブが表示されていることを確認します。

❿[3Dモデル]タブの[3Dモデルビュー]の ▼ [その他]ボタンをクリックします。

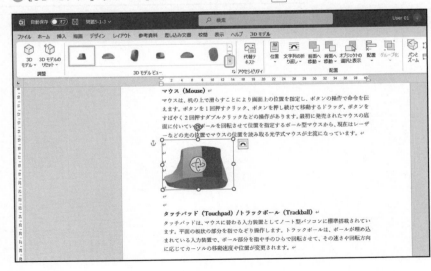

⓫ 3D モデルビューの一覧が表示されるので ［左上背面］ をクリックします。

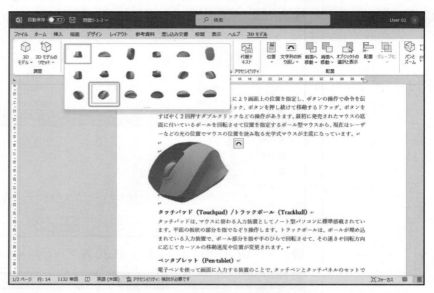

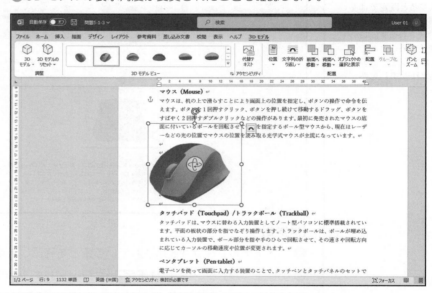

⓬ 3D モデルの表示角度が変更されたことを確認します。

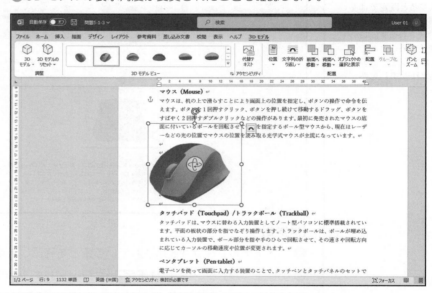

★ヒント

3D モデルのリセット

3D モデルに設定した回転や傾き
を解除するには、［3D モデルビ
ュー］ の一覧の ［既定のビュー］
を選択するか、［3D モデル］ タ
ブの ［3D モデルのリセット］ ボ
タンをクリックします。

［3D モデルのリセット］
ボタン

5-1-4 SmartArt を挿入する

練習問題

問題フォルダー
└問題 5-1-4.docx

解答フォルダー
└解答 5-1-4.docx

【操作 1】17 行目の空白行に、「段違いステップ」の SmartArt を挿入します。

【操作 2】SmartArt の各図形に、上から「媒体名」「記事タイトル」「年月日」と入力します。

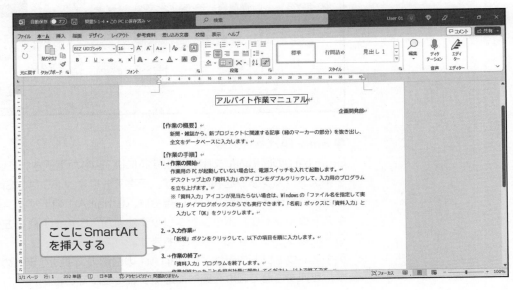

機能の解説

□ SmartArt

□ [SmartArt グラフィック
　の選択] ダイアログ
　ボックス

□ テキストウィンドウ

Word の文書中に手順などの図解を作成したい場合は、SmartArt を利用すると便利です。リストや階層構造、集合関係といったさまざまな種類のデザイン化された図表のレイアウトが用意されており、その中から必要なものを選んで、最小限の手順で表現力のある図解を作成できます。

文書中に SmartArt を挿入するには、[挿入] タブの 🔲 SmartArt [SmartArt] ボタンをクリックし、[SmartArt グラフィックの選択] ダイアログボックスから SmartArt の種類を選択します。

第5章　グラフィック要素の挿入と書式設定

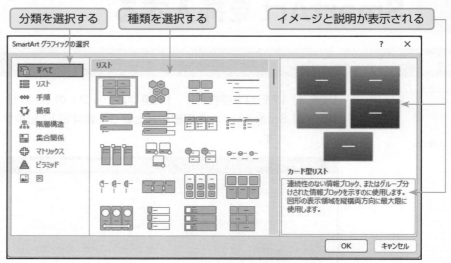

● **SmartArt への入力**

SmartArt の図形内に文字を挿入するには、図形が選択されている状態で直接入力するか、テキストウィンドウを利用します。テキストウィンドウは、SmartArt を選択すると左側に表示されます。表示されない場合は、[SmartArt のデザイン] タブの ⊞テキスト ウィンドウ [テキストウィンドウ] ボタンをクリックするか、SmartArt の左側の枠線の中央に表示される ◁ をクリックすると表示されます。

テキストウィンドウでは、SmartArt の図形の文字列をまとめて入力できるほか、**Enter** キーを押すことで図形を簡単に追加することができます。

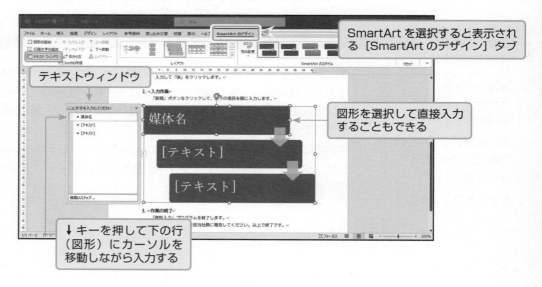

【操作 1】

❶ 17 行目の空白行にカーソルを移動します。

❷ [挿入] タブの 🔲 SmartArt [SmartArt] ボタンをクリックします。

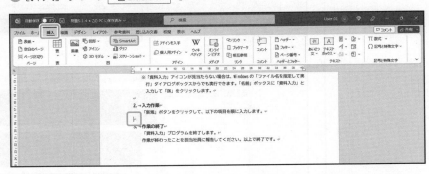

❸ [SmartArt グラフィックの選択] ダイアログボックスが表示されます。

❹ 左側の一覧から [手順] をクリックします。

❺ [段違いステップ] をクリックします。

❻ [OK] をクリックします。

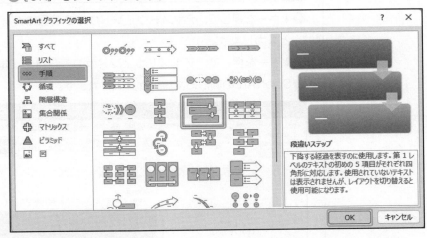

❼ カーソルの位置に、[段違いステップ] の SmartArt が挿入されます。

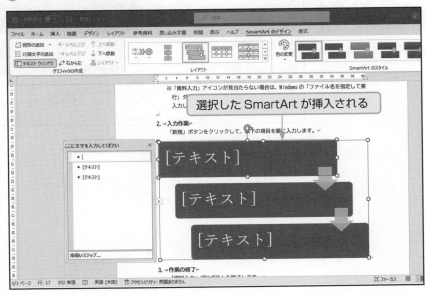

ヒント
SmartArt の分類
ここでは分類から [手順] を選択していますが、[すべて] を選択してすべての SmartArt を表示させ、その中から [段違いステップ] を選択することもできます。

ヒント
画像付きの SmartArt
SmartArt のうち、名称に「画像」とあるものは、SmartArt 内に画像を挿入することができます。挿入した SmartArt のテキストウィンドウ、または図形内の 🖼 をクリックして、画像を指定できます。

≫その他の操作方法
図形に直接入力する
SmartArt の図形をクリックして
直接文字列を入力することもでき
ます。

【操作2】

⑧ テキストウィンドウの1行目にカーソルが表示されていることを確認して、「媒体名」
と入力します。

⑨ ↓キーを押して、テキストウィンドウの2行目にカーソルを移動し、「記事タイトル」
と入力します。

⑩ ↓キーを押して、テキストウィンドウの3行目に「年月日」と入力します。

⑪ SmartArt の図形に文字列が挿入されます。

5-1-5 スクリーンショットや画面の領域を挿入する

問題フォルダー
└─問題 5-1-5.docx

解答フォルダー
└─解答 5-1-5.docx

【操作 1】 Windows のシステムツールの機能の「ファイル名を指定して実行」を開きます。

【操作 2】 14 行目の空白行（「2　入力作業」の上の行）に、[ファイル名を指定して実行]
ダイアログボックスのスクリーンショットを挿入します。

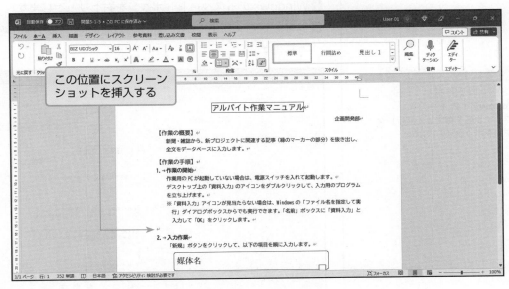

機能の解説

□ スクリーンショット
□ [スクリーンショット]
ボタン

作業指示書などの文書では、パソコンのウィンドウの内容を、そのまま画像としてページに挿入したい場合があります。このような画像をスクリーンショットといいます。

Word では、[挿入] タブの 🖼️ スクリーンショット▾ [スクリーンショット] ボタンで、デスクトップに開いているウィンドウのスクリーンショットを現在の文書内に取り込むことができます。スクリーンショットには 2 種類あり、この練習問題のようにウィンドウ全体を取り込む方法と指定した範囲だけを取り込む方法があります。

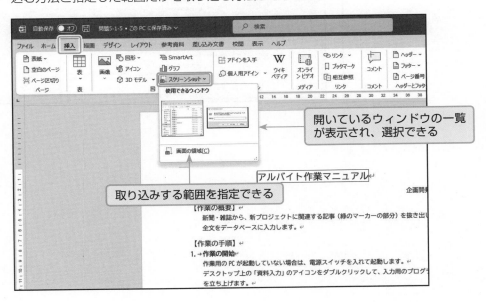

第5章 グラフィック要素の挿入と書式設定

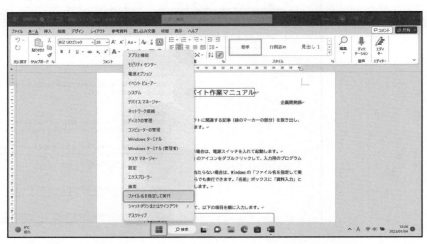

[スクリーンショット] ボタンの [使用できるウィンドウ] には現在開いているウィンドウが表示され、選択したウィンドウ全体のスクリーンショットとなります。[画面の領域] をクリックするとデスクトップ画面が表示されるので、取り込みたい範囲をドラッグで指定します。

操作手順

【操作 1】

❶ Windows の [スタート] ボタンを右クリックします。

❷ ショートカットメニューが表示されるので、[ファイル名を指定して実行] をクリックします。

その他の操作方法

ショートカットキー

Windows ＋ R キー
([ファイル名を指定して実行] ダイアログボックスの表示)

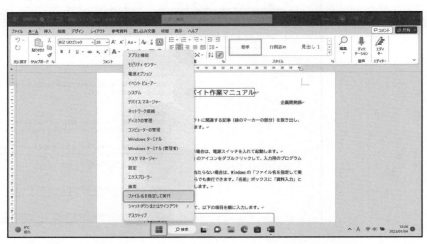

❸ [ファイル名を指定して実行] ダイアログボックスが表示されます。

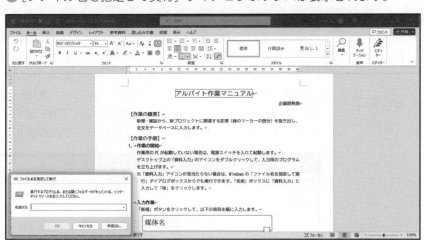

【操作 2】

④ Word のウィンドウ内をクリックして、文書をアクティブにします。

⑤ 14 行目にカーソルを移動します。

⑥ [挿入] タブの [スクリーンショット] ボタンをクリックします。

⑦ [使用できるウィンドウ] の一覧から [ファイル名を指定して実行] のウィンドウをクリックします。

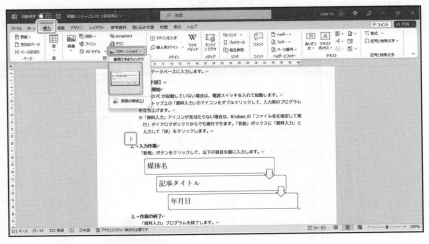

⑧ カーソルの位置にスクリーンショットが挿入されます。

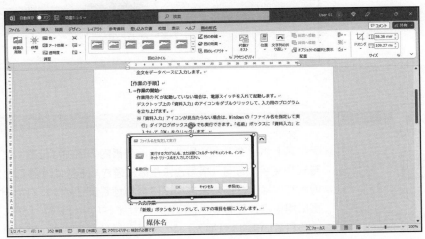

⑨ タスクバーから [ファイル名を指定して実行] ダイアログボックスをアクティブにして、閉じるボタンをクリックします。

5-1-6 テキストボックスを挿入する

練習問題

問題フォルダー
└ 問題 5-1-6.docx

解答フォルダー
└ 解答 5-1-6.docx

【操作 1】「おすすめメニュー」の上に「オースティン – 引用」という組み込みのテキストボックスを挿入します。

【操作 2】そばのイラストの上部に横書きのテキストボックスを挿入し、中央揃えで「もりそば」と入力します。

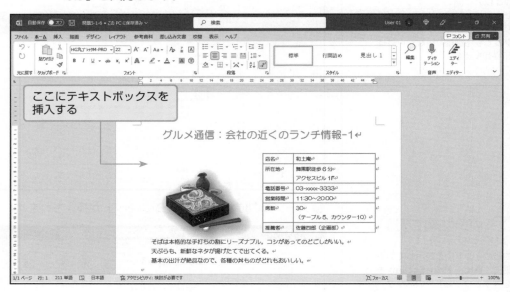

機能の解説

☐ テキストボックス
☐ [テキストボックス]
　ボタン

テキストボックスを利用すると、文書内の自由な位置に文章を配置でき、本文とは異なる書式や文字の方向（横書きまたは縦書き）を設定することができます。

Word には、さまざまな用途に合わせてデザインされた組み込みのテキストボックスが豊富に用意されており、[イオン – サイドバー 1] や [グリッド – 引用] といった名前が付けられています。[挿入] タブの [テキストボックス] ボタンをクリックして表示される一覧から、使用したいテキストボックスを選択して、文書中に挿入します。

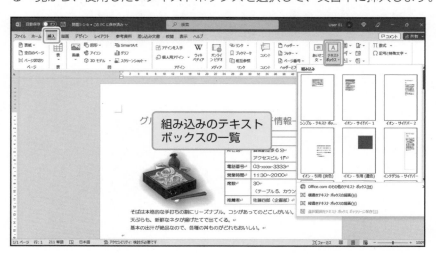

●テキストボックスの作成

デザインや書式の設定されていない、組み込みではないテキストボックスを挿入するには、[挿入] タブの [テキストボックス] ボタンをクリックし、[横書きテキストボックスの描画]（縦書きの場合は [縦書きテキストボックスの描画]）をクリックします。マウスポインターの形状が ＋ に変わったら、テキストボックスを挿入する箇所で左上から右下方向にドラッグします。作成されたテキストボックスボックス内にカーソルが表示されるので、文字を入力します。

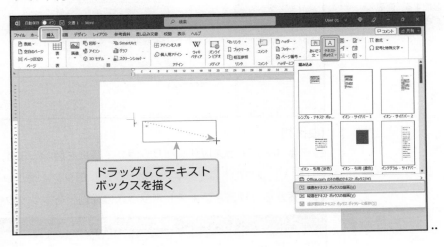

ドラッグしてテキストボックスを描く

操作手順

【操作 1】
❶「おすすめメニュー」の上の行にカーソルを移動します。

❷ [挿入] タブの [テキストボックス] ボタンをクリックします。

❸ [組み込み] の一覧から [オースティン - 引用] をクリックします。

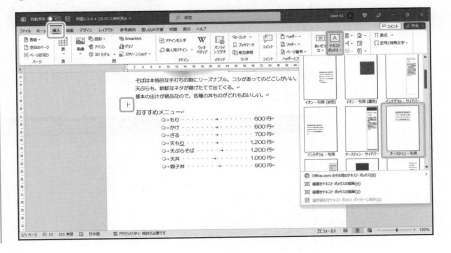

第 5 章 グラフィック要素の挿入と書式設定

テキストボックス内の説明文

組み込みのテキストボックス内に
はテキストボックスに関する説明文
が挿入されています。選択した状
態で **Delete** キーを押すか、その
まま文字を入力すれば自動的に削
除されます。テキストボックスへの
入力の詳細は「5-3-1 テキストボッ
クスにテキストを追加する、変更
する」を参照してください。

④ テキストボックスが挿入され、文字が入力できる状態になります。

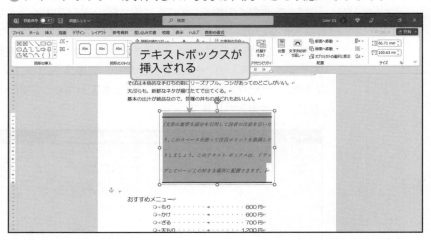

【操作2】

⑤ テキストボックス以外をクリックして選択を解除します。

⑥ [挿入] タブの [テキストボックス] ボタンをクリックします。

⑦ 一覧から [横書きテキストボックスの描画] をクリックします。

⑧ ポインターの形状が＋に変わったら、もりそばのイラストの上部を左上から右下方
向にドラッグします。

❾作成されたテキストボックスボックス内にカーソルが表示されるので、「もりそば」
と入力します。

❿［ホーム］タブの ≡［中央揃え］ボタンをクリックして、テキストボックス内の文
字を中央揃えにします。

図やテキストボックスを書式設定する

ここでは、文書に挿入した図や図形の書式を設定する方法を学習します。色合いを変更したり、影、反射、ぼかしなどの効果や面取り、縁取りなどのスタイルを設定したりなど、さまざまな書式が用意されています。

5-2-1 アート効果を適用する

練習問題

問題フォルダー
└ 問題 5-2-1.docx

解答フォルダー
└ 解答 5-2-1.docx

トマトの画像に「線画」のアート効果を設定します。

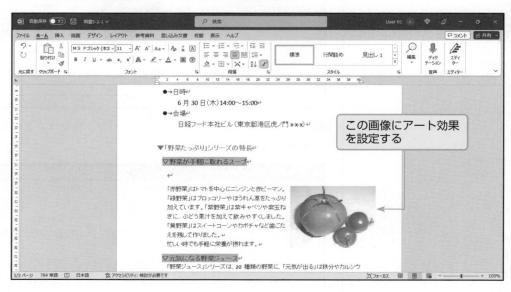

この画像にアート効果を設定する

機能の解説

□ アート効果

文書中に挿入された画像に対してさまざまな加工や書式の設定が行えます。
アート効果は画像にぼかしやモザイクなどの効果を加えることや、絵画調に変換することができる機能です。図を選択すると表示される［図の形式］タブの ［アート効果］ボタンから設定します。
ボタンをクリックして表示される一覧から候補をポイントすると、図にその効果が適用された状態がプレビューで表示され、確定する前に効果のイメージを確認することができます。

［図の形式］タブ

［アート効果］ボタン

図を選択すると表示される［図の形式］タブ

［図の効果］ボタン

【操作1】

① トマトの画像を選択します。

② [図の形式] タブの アート効果 [アート効果] ボタンをクリックします。

③ 一覧から [線画] をクリックします。

ポイント

[図の形式] タブ

[図の形式] タブは、図（画像）を選択すると表示されるタブです。図以外にカーソルがある場合は表示されません。また、画像をダブルクリックすると、自動的に [図の形式] タブが選択された状態になります。

ヒント

アート効果のプレビュー

アート効果の一覧から候補をポイントすると、その効果が画像に適用された状態がリアルタイムプレビューで確認できます。

ヒント

アート効果の解除

図に設定したアート効果を解除するには、アート効果の一覧の左上の [なし] をクリックするか、[図のリセット] ボタンをクリックします。

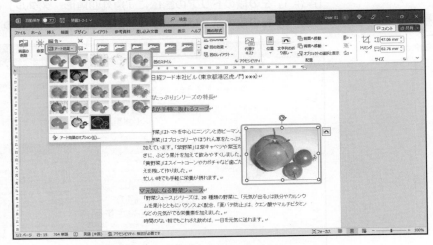

④ 選択している画像にアート効果が設定されます。

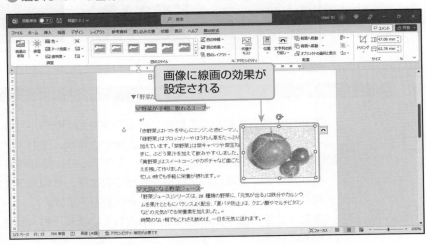

画像に線画の効果が設定される

図の効果やスタイルを適用する

練習問題

問題フォルダー
└─問題 5-2-2.docx

解答フォルダー
└─解答 5-2-2.docx

【操作 1】左の段のドリアの画像に「角丸四角形、メタル」の図のスタイルを設定します。

【操作 2】右の段の焼そばの画像に「面取り」の「角度」の図の効果を設定します。

機能の解説

重要用語

☐ 図のスタイル
☐ 図の効果

文書中に挿入された図の輪郭に額縁効果を加えたり、立体的に表示したりといった、さまざまな図のスタイルを設定することができます。図のスタイルは、［図の形式］タブの ▽ ［その他］ボタンから設定します。スタイルの一覧の候補をポイントすると、選択したスタイルが図に設定された状態が表示されます。そのスタイルがどのように表示されるかを確認しながら、効果的なスタイルを選択できます。

また、さまざまな図の効果も用意されています。影、反射、光彩、ぼかし、面取り、3-D回転の効果があります。図の効果は、［図の形式］タブの  ［図の効果］ボタンから設定します。

【操作1】

❶ 左の段のドリアの画像を選択します。

❷ [図の形式] タブの [図のスタイル] の ▼ [その他] ボタンをクリックします。

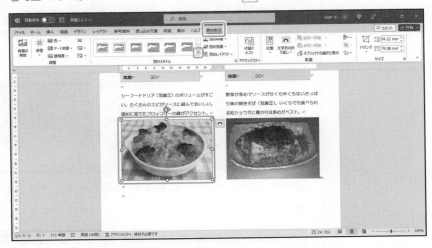

❸ 一覧から [角丸四角形、メタル] をクリックします。

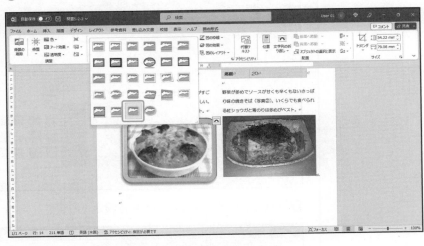

❹ 選択している図に図のスタイルが設定されます。

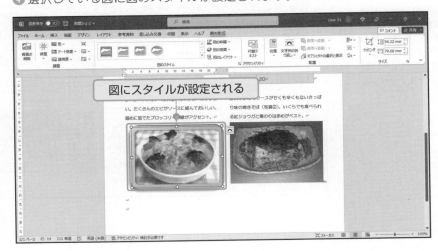

図にスタイルが設定される

第5章 グラフィック要素の挿入と書式設定

【操作2】

❺ 右の段の焼そばの画像を選択します。

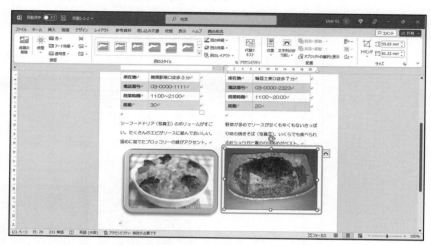

❻ [図の形式] タブの ❗図の効果 ❘ [図の効果] ボタンをクリックします。

❼ 一覧から [面取り] をポイントし、[角度] をクリックします。

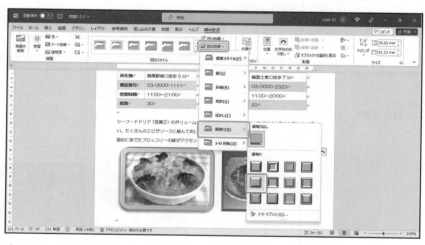

❽ 選択している画像に図の効果が設定されます。

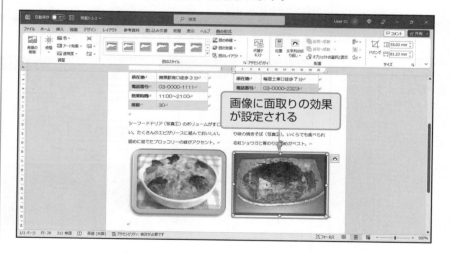

★ヒント

図のリセット
画像に設定した図のスタイルや
図の効果などの加工をすべて解
除して、元の状態の画像に戻し
たい場合は、対象の画像を選択
し、[図の形式] タブの ❘🖼 ∨❘ [図
のリセット] ボタンをクリックし
ます。

5-2-3 図の背景を削除する

練習問題

問題フォルダー
└ 問題 5-2-3.docx

解答フォルダー
└ 解答 5-2-3.docx

1 ページ目の下部にあるバラの図の背景を削除します。ただし、花がすべて表示されるようにします。

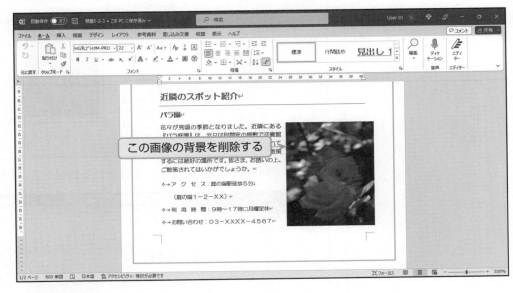

この画像の背景を削除する

機能の解説

重要用語

□ 背景の削除
□ [背景の削除] ボタン
□ [変更を保持] ボタン

文書内の図の図柄に合わせて不要な背景を削除することができます。図を選択して、[図の形式] タブの [背景の削除] ボタンをクリックすると、Word が自動的に図の背景を判断して、削除対象の領域を紫色で表示します。この時点で削除される領域を変更することもできます。[背景の削除] タブの [保持する領域としてマーク] ボタンまたは [削除する領域としてマーク] ボタンをクリック後に、 🖉 でクリック、またはドラッグしてそれぞれの領域を指定できます。 ✓ [変更を保持] ボタンをクリックすると、背景が削除されます。

[背景の削除] タブ

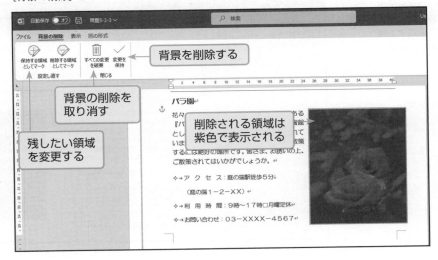

背景を削除する

背景の削除を取り消す

残したい領域を変更する

削除される領域は紫色で表示される

❶ 1ページ目の下部にある花の画像を選択します。

❷［図の形式］タブの [背景の削除] ボタンをクリックします。

❸ 図の背景が自動的に判断され、削除される領域が紫色で表示されます。

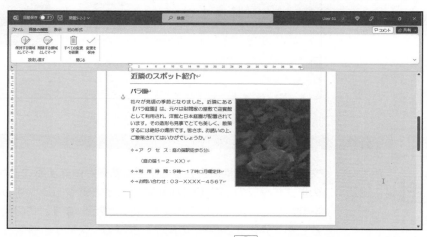

❹［背景の削除］タブが表示されるので [保持する領域としてマーク] ボタンをクリックします。

❺ ポインターが ✎ になるので、図の花びらが表示されていない下方をクリックします。

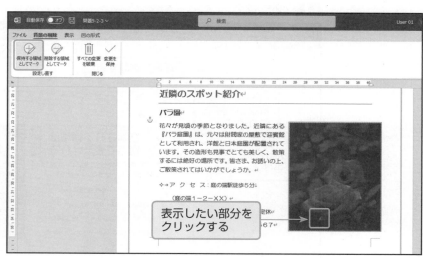

表示したい部分をクリックする

❻ 花びらが全部表示されない場合は、さらにクリックして領域を広げます。

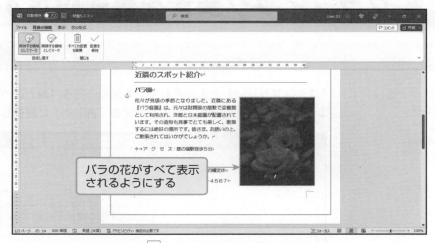

❼ [背景の削除] タブの [変更を保持] ボタンをクリックします。

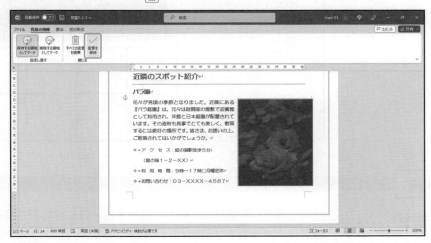

❽ 図の背景が削除されます。

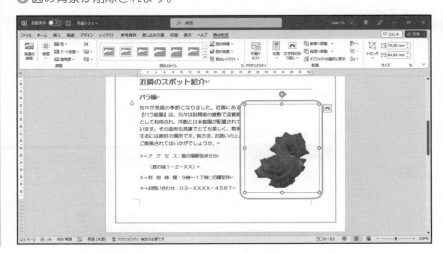

5-2-4 グラフィック要素を書式設定する

練習問題

問題フォルダー
　└問題 5-2-4.docx

解答フォルダー
　└解答 5-2-4.docx

「スタンプラリー」と入力されている図形の色を「緑、アクセント 6」、枠線の色を「オレンジ」、太さを「4.5pt」、図形の高さを「26mm」に変更します。

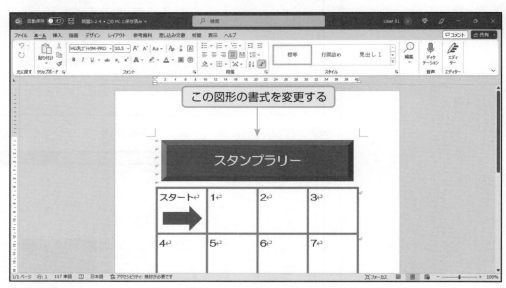

機能の解説

重要用語

□ 図形の色
□ 図形の枠線
□ 図形のスタイル
□ 図形のサイズ
□ 図形の効果

文書に挿入した図形は、図形を選択すると表示される［図形の書式］タブのボタンを使用してさまざまな書式設定が行えます。図形の色は ［図形の塗りつぶし］ボタン、枠線の種類や色、太さは ［図形の枠線］ボタン、図形に影やぼかしなどの効果を設定するには、 ［図形の効果］ボタンを使用します。また、これらの複数の書式とフォントの色を組み合わせた図形のスタイルも用意されています。［図形のスタイル］の ［その他］ボタンの一覧から選択します。
図形のサイズは、 ［図形の高さ］ボックス、 ［図形の幅］ボックスで数値を指定して変更できます。

図形を選択すると表示される［図形の書式］タブ

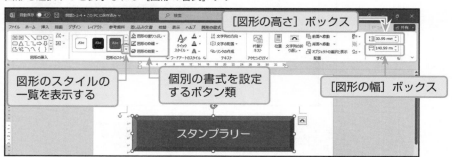

❶「スタンプラリー」と入力されている図形を選択します。

❷［図形の書式］タブの 🖌 図形の塗りつぶし ▾ ［図形の塗りつぶし］ボタンをクリックします。

❸一覧から［テーマの色］の［緑、アクセント 6］をクリックします。

★ヒント

図形の書式のプレビュー
図形の書式の一覧から候補をポイントすると、選択した図形に書式が適用された状態がリアルタイムプレビューで確認できます。

★ヒント

図形の塗りつぶしの色
🖌 図形の塗りつぶし ▾ ［図形の塗りつぶし］ボタンの一覧にない色は、［その他の色］をクリックして［色の設定］ダイアログボックスから色を選択することができます。図形の色をなしにするには、［塗りつぶしなし］を選択します。

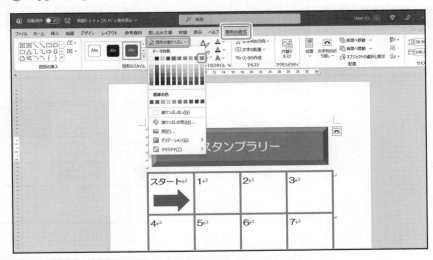

❹図形の色が変更されます。

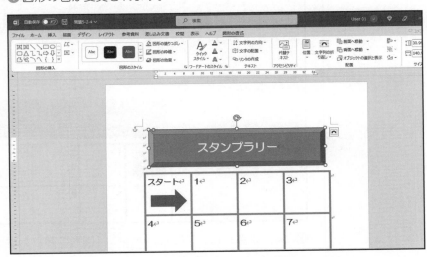

❺［図形の書式］タブの 🖊 図形の枠線 ▾ ［図形の枠線］ボタンをクリックします。

❻［標準の色］の［オレンジ］をクリックします。

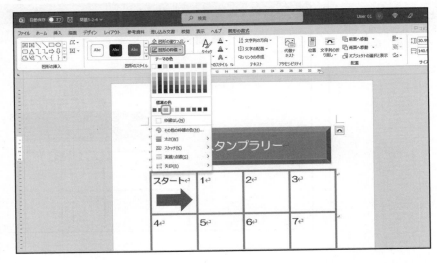

❼ 図形の枠線の色が変更されます。

❽ ［図形の書式］タブの　✒️ 図形の枠線 ～　［図形の枠線］ボタンをクリックします。

❾ 一覧から［太さ］をポイントし、［4.5pt］をクリックします。

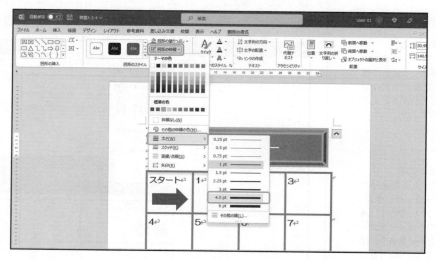

❿ 図形の枠線の太さが変更されます。

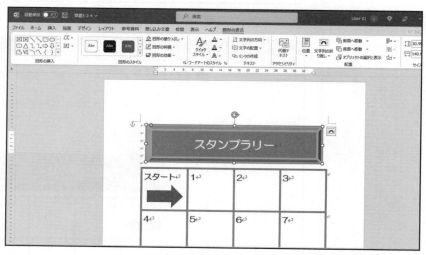

⓫ ［図形の書式］タブの　▯ 30.99 mm ↕　［図形の高さ］ボックスに「26」と入力するか、
　　▼をクリックして「26mm」に設定します。

⓬ 図形の高さが変更されます。

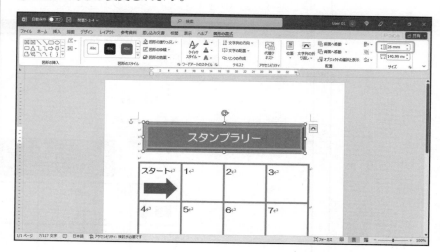

★ヒント

図形の枠線

✒️ 図形の枠線 ～　［図形の枠線］ボタ
ンの一覧の［実線 / 点線］をポ
イントすると線の種類を変更でき
ます。枠線をなしにするには、［枠
線なし］を選択します。

🔷 その他の操作方法

図形のサイズ変更

図形を選択すると表示される〇
サイズ変更ハンドルをドラッグし
ても図形のサイズを変更できま
す。

SmartArt を書式設定する

練習問題

問題フォルダー
└ 問題 5-2-5.docx

解答フォルダー
└ 解答 5-2-5.docx

【操作 1】文書に挿入されている SmartArt の色を「塗りつぶし - アクセント 2」に変更します。

【操作 2】SmartArt のスタイルを「マンガ」に変更します。

【操作 3】SmartArt のサイズを幅「100 mm」、高さ「65mm」に変更します。

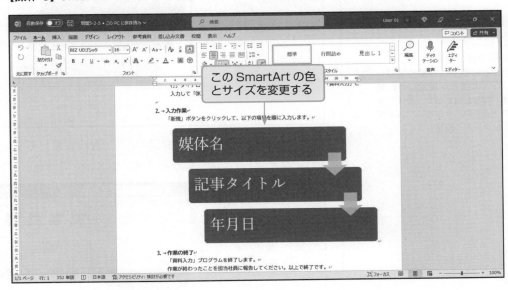

機能の解説

重要用語

☐ SmartArt の色の変更
☐ SmartArt のスタイルの変更
☐ SmartArt のサイズの変更

文書中に挿入した SmartArt は既定の色とサイズで挿入されます。SmartArt の色やスタイルを変更するには、SmartArt を選択すると表示される［SmartArt のデザイン］タブを使用します。色は ［色の変更］ボタンの一覧から色の組み合わせを選択できます。スタイルは［SmartArt のスタイル］の ▽［その他］ボタンの一覧から視覚的なスタイルを選択できます。立体的な 3-D 形式に変更することもできます。

［SmartArt のデザイン］タブ

また、SmartArt のサイズを変更するには、［書式］タブの ⊞ サイズ［サイズ］ボタンをクリックすると表示される ⇕高さ: 87.51 mm ⇕［高さ］ボックス、⊟ 幅: 150 mm ⇕［幅］ボックスを使用します。

［書式］タブ

【操作 1】

❶ 文書内の SmartArt を選択します。

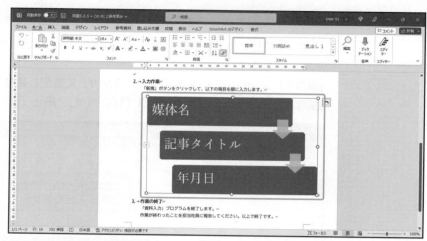

❷［SmartArt のデザイン］タブの 🎨［色の変更］ボタンをクリックします。

❸［アクセント 2］の一覧から［塗りつぶし - アクセント 2］をクリックします。

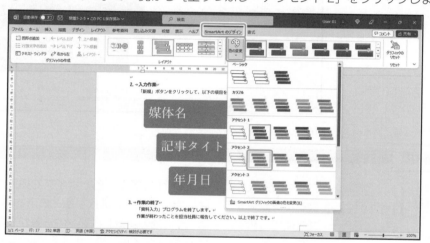

❹ SmartArt の色が変更されます。

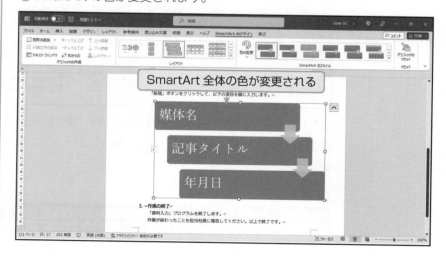

【操作 2】

❺ SmartArt が選択されている状態で、[SmartArt のデザイン] タブの [SmartArt の
スタイル] の ▼ [その他] ボタンをクリックします。

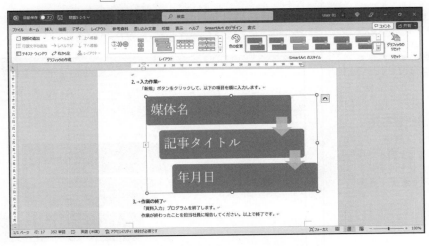

❻ [3-D] の一覧から [マンガ] をクリックします。

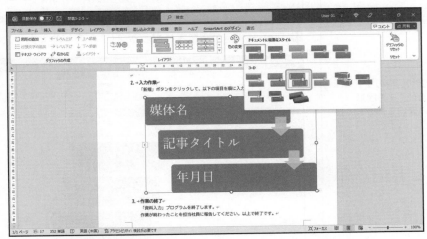

❼ SmartArt のスタイルが変更されます。

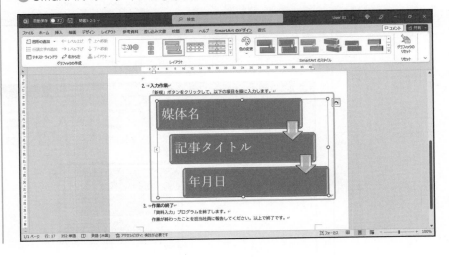

★ヒント

色とスタイルの解除

SmartArt に設定した色とスタイ
ルを解除したい場合は、[SmartArt
のデザイン] タブの [グラフィッ
クのリセット] ボタンをクリック
します。既定の色とスタイルに戻
ります。

 [グラフィックのリセット]
ボタン

第**5**章

グラフィック要素の挿入と書式設定

!ポイント
［幅］ボックスと
［高さ］ボックス
［書式］タブの［サイズ］の［幅］
ボックスや［高さ］ボックスの既
定の単位は mm です。「100」と
入力するか、右側の▼で指定す
ると、「100mm」になります。

その他の操作方法
SmartArt のサイズ変更
SmartArt を選択すると表示され
る〇サイズ変更ハンドルをドラッ
グしてもサイズを変更できま
す。

★ヒント
図形のサイズ
SmartArt 内の特定の図形のサイ
ズを変更する場合は、その図形
を選択して同様の操作を行いま
す。

【操作 3】

❽ SmartArt が選択されている状態で、［書式］タブの［サイズ］ボタンをクリックします。

❾ ［高さ］ボックスと［幅］ボックスが表示されます。

❿ 幅：150 mm ［幅］ボックスに「100」と入力します。

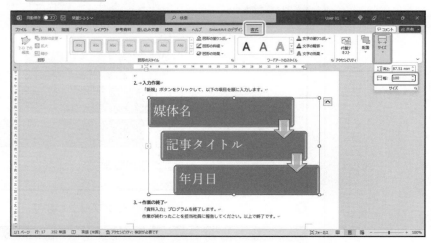

⓫ 高さ：87.51 mm ［高さ］ボックスに「65」と入力します。

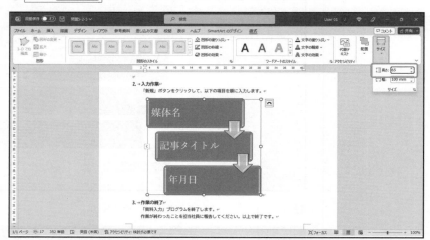

⓬ **Enter** キーを押します。

⓭ SmartArt のサイズが変更されます。

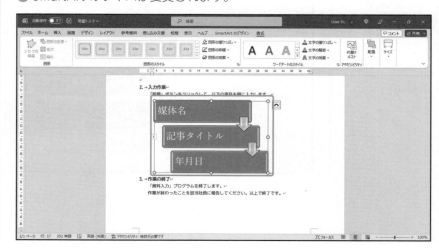

5-2-6 3D モデルを書式設定する

問題フォルダー
└問題 5-2-6.docx

解答フォルダー
└解答 5-2-6.docx

【操作 1】 2 ページ目にあるキーボードの 3D モデルのサイズを高さ「52mm」に変更します。
【操作 2】 パンとズームの機能を使用して、拡大し、右側のテンキー（数字のキー）が中央に表示されるように位置を移動します。

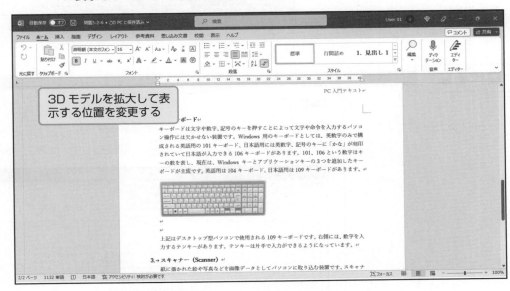

機能の解説

□ 3D モデルのサイズ
□ パンとズーム

3D モデルのサイズを変更するには、画像や図形と同様に、選択すると表示される［3D モデル］タブの ⟦‖高さ: 28.06 mm‖⟧［高さ］ボックス、⟦吕幅: 78.83 mm⟧［幅］ボックスに数値で指定したり、〇サイズ変更ハンドルをドラッグして変更します。この場合は、3D モデル全体の拡大、縮小ができます。

●フレーム内で拡大縮小と移動

［3D モデル］タブの ⟦パンとズーム⟧［パンとズーム］ボタンを使用すると、3D モデルの周りに表示されているフレーム（枠）内でどのように表示されるかを設定できます。3D モデルの右側に表示される 🔍［ズーム］を上にドラッグすると拡大表示し、下にドラッグすると縮小表示されます。また、3D モデルを ✥ の形状でドラッグすると移動し、表示する位置を変えることができます。

[ズーム]

第 5 章 グラフィック要素の挿入と書式設定

3D モデルを拡大して、移動した状態

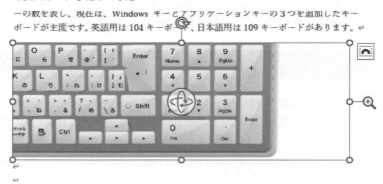

操作手順

【操作 1】

❶ 2 ページ目にある 3D モデルを選択します。

❷ ［3D モデル］タブの ⟦高さ: 28.06 mm⟧ ［高さ］ボックスに「52」と入力します。

❸ 3D モデルの高さが 52mm に変更され、同時に幅も変更されます。

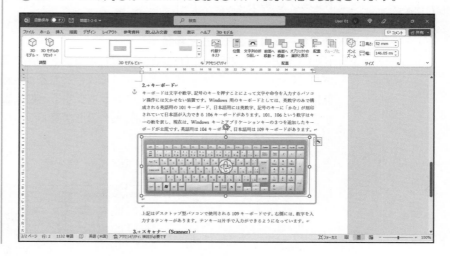

【操作2】

❹ 3D モデルが選択されている状態のまま、[3D モデル] タブの 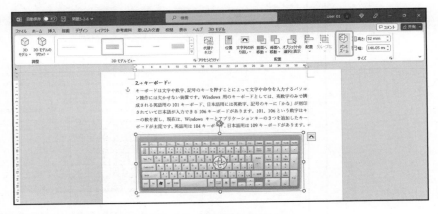 [パンとズーム]
ボタンをクリックします。

❺ 3D モデルの右側に [ズーム] が表示されます。

❻ [ズーム] をポイントし、⇕ の形状で上方向にドラッグします。

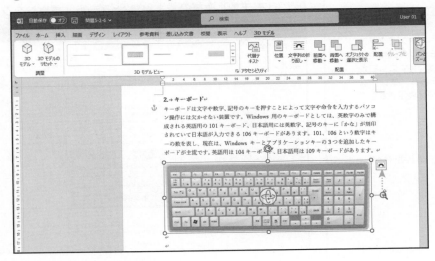

❼ 3D モデルが拡大されます。

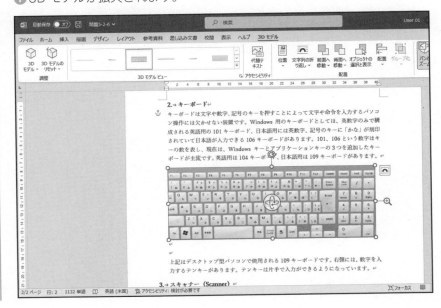

⑧ 3D モデル内をポイントし、✛ の形状で左方向にドラッグします。

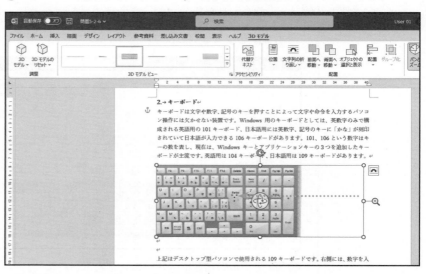

⑨ 3D モデルがフレーム内で移動します。

⑩ [3D モデル] タブの [パンとズーム] ボタンをクリックして終了します。

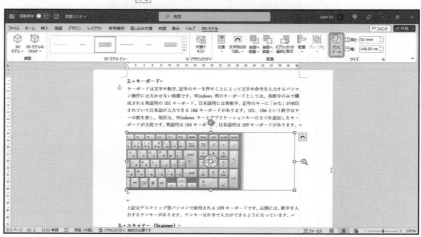

!ポイント

パンとズーム

[パンとズーム] ボタンをクリックすると、3D モデルの周りのフレームのサイズは変えずに、拡大縮小、移動が行われ、フレームからはみ出た部分は表示されなくなります。

[パンとズーム] ボタン

5-3 グラフィック要素にテキストを追加する

グラフィック要素にテキストを追加する

テキストとは文字列のことです。ここでは、文書に挿入した図形やテキストボックス、SmartArt にテキストを追加したり、編集したりする方法を学習します。

5-3-1 テキストボックスにテキストを追加する、変更する

練習問題

問題フォルダー
└問題 5-3-1.docx

解答フォルダー
└解答 5-3-1.docx

【操作 1】「もりそば」のテキストボックスの先頭に「人気の」という文字列を追加し、文字列の配置を上下中央揃えに変更します。

【操作 2】文書の中央のテキストボックスに、10 行目「そばは…」から 12 行目の「…おいしい。」文字列を移動します。その際の文字列の書式は、テキストボックスの書式に合わせます。

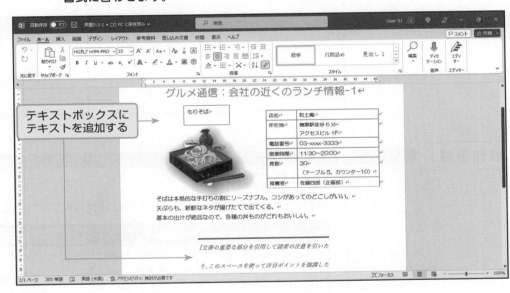

機能の解説

重要用語

□ テキストボックス
□ 文字の配置

テキストボックスに文字を追加したり、変更したりするには、テキストボックスをクリックし、カーソルを表示して行います。直接入力するほかに、別の位置にある文字列をコピーして貼り付けることもできます。組み込みのテキストボックスは、デザインごとに書式が設定されていますが、横書きテキストボックスの場合、初期値では入力した文字は左上の位置に挿入されます。縦書きテキストボックスでは右上の位置に挿入されます。

●文字列の配置

テキストボックスの文字位置を変更するには、横方向の位置は、[ホーム] タブの ≡ [左揃え]、≡ [中央揃え]、≡ [右揃え] ボタンで設定できます。縦方向の位置は、[図形の書式] タブの [中 文字の配置 ▾] [文字の配置] ボタンをクリックした一覧から選択します。

縦書きテキストボックスの場合、横方向の位置は、[図形の書式] タブの [中 文字の配置 ▾] [文字の配置] ボタンで設定し、縦方向の位置は [ホーム] タブの ‖‖ [上揃え]、‖‖ [上下中央揃え]、‖‖ [下揃え] ボタンで設定できます。

横書きテキストボックス

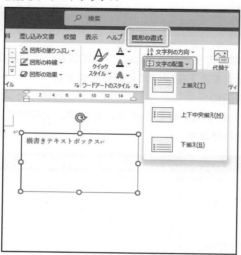

縦書きテキストボックス

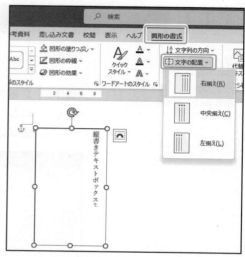

操作手順

【操作 1】

❶「もりそば」のテキストボックスの行頭部分をクリックし、カーソルを表示します。

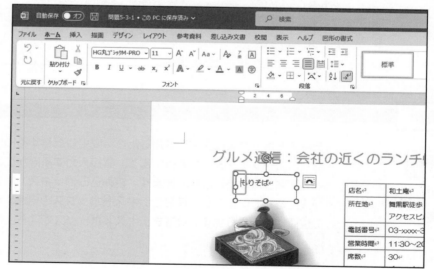

❷「人気の」と入力します。

❸ 入力した文字はテキストボックスの左上の位置に表示されます。

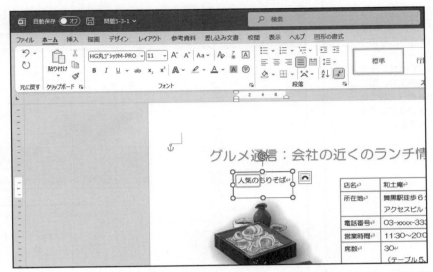

❹ テキストボックスが選択された状態のまま、［図形の書式］タブの ［文字の配置］ボタンをクリックし、［上下中央揃え］をクリックます。

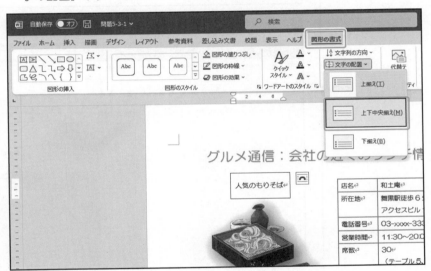

❺ テキストボックスの上下の中央の位置に表示されます。

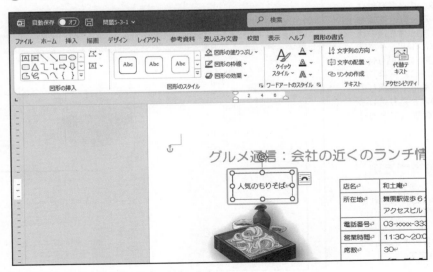

❻ 10行目「そばは…」から12行目の「…おいしい。」を行単位で選択します。

❼ [ホーム] タブの [X] [切り取り] ボタンをクリックします。

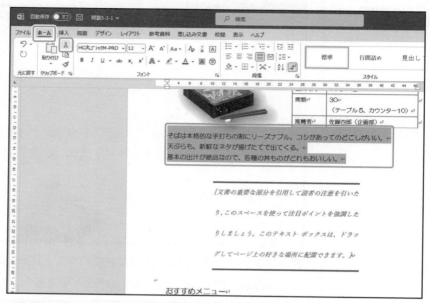

❽ テキストボックスをクリックして選択します。

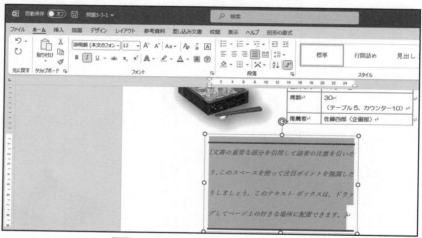

❾ [ホーム] タブの [貼り付け] ボタンの▼をクリックし、[貼り付けのオプション] の [テキストのみ保持]（右端）をクリックします。

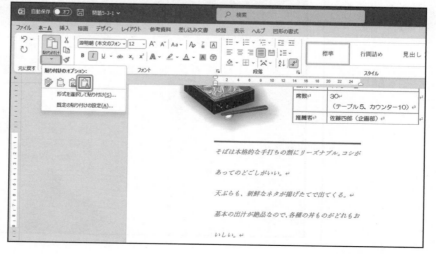

★ヒント

テキストボックス内の説明文
この練習問題には組み込みのテキストボックス「オースティン ー 引用」が挿入されています。テキストボックス内の説明文は、選択した状態で **Delete** キーを押せば削除できますが、そのまま文字を入力しても削除されます。

ポイント

貼り付けのオプション
[貼り付け] ボタンの [貼り付けのオプション] の一覧の候補をポイントすると、貼り付け後の状態をリアルタイムプレビューで確認できます。文字だけを貼り付けるには、[テキストのみ保持] を選択します。行単位で選択していても文字列のみが貼り付けられ、貼り付け先の書式に合わせられます。

その他の操作方法

貼り付けのオプション
貼り付けの操作後に表示されるスマートタグの [Ctrl] [貼り付けのオプション] ボタンをクリックしても [貼り付けのオプション] の一覧を表示できます。

⑩ テキストボックス内に文字列が移動して、テキストボックスの書式に合わせて表示されます。

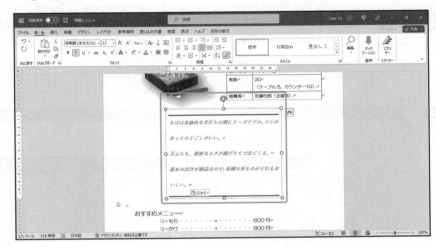

<table>
<tr><td>⑩ テキストボックス内に文字列が移動して、テキストボックスの書式に合わせて表示されます。</td></tr>
</table>

5-3-2 図形にテキストを追加する、変更する

練習問題

問題フォルダー
└ 問題 5-3-2.docx

解答フォルダー
└ 解答 5-3-2.docx

文頭にある図形に「スタンプラリー」という文字列を追加し、フォントサイズを28pt、フォントの色を黄色に変更します。

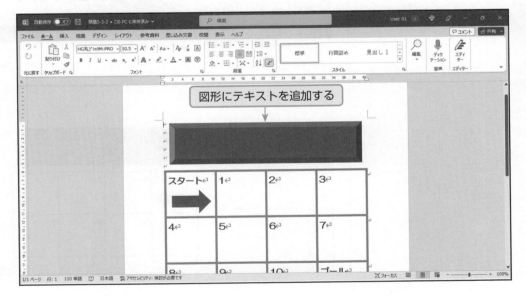

重要用語

□ 図形への文字列の追加

図形を選択して入力するだけで、図形内に文字列を挿入できます。入力した文字列は、図形の上下左右の中央の位置に挿入されます。初期値の塗りつぶしが青色の図形の場合は、白色の文字が挿入されます。必要に応じて、[ホーム] タブの [フォント] グループのボタンなどで文字列の書式を変更します。

操作手順

❶ 図形を選択します。

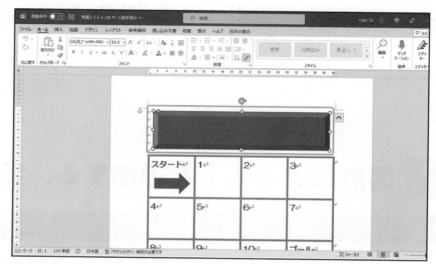

❷「スタンプラリー」と入力します。

❸ 選択した図形の中央に文字列が挿入されます。

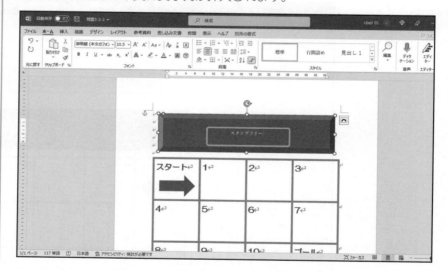

図形の選択

図形の枠線をクリックして図形全
体を選択しておくと、文字列をド
ラッグする必要がなく、書式を変
更できます。

❹ 図形の枠線をクリックして、図形全体を選択します。

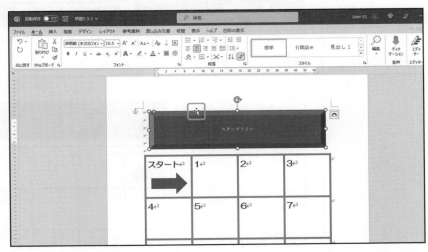

❺ [ホーム] タブの 10.5 [フォントサイズ] ボックスの▼をクリックし、[28] をクリッ
クします。

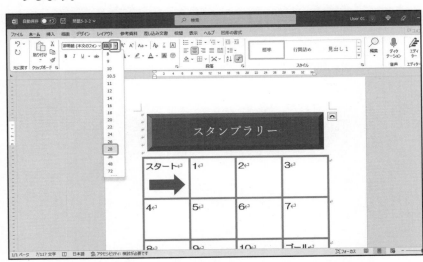

❻ 図形内の文字列のフォントサイズが変更されます。

❼ [ホーム] タブの A [フォントの色] ボックスの▼をクリックし、[標準の色] の
[黄] をクリックします。

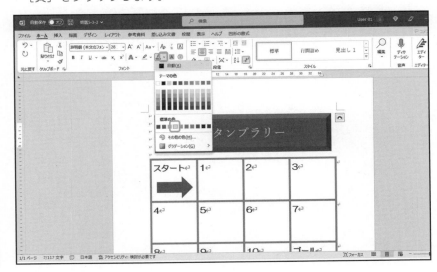

❽図形内のフォントの色が変更されます。

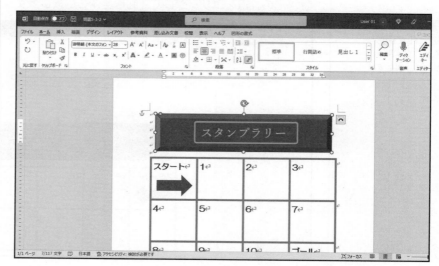

5-3-3 SmartArt の内容を追加する、変更する

練習問題

問題フォルダー
└ 問題 5-3-3.docx

解答フォルダー
└ 解答 5-3-3.docx

【操作 1】SmartArt の末尾に図形を追加し、図形に「キーワード」と入力します。

【操作 2】SmartArt の「年月日」（3 番目の項目）の図形を「発行年月日」に修正し、「記事タイトル」（2 番目の項目）の図形の前に移動します。

機能の解説

【重要用語】

□ SmartArt の図形の追加
□ SmartArt の図形の削除
□ SmartArt の図形の移動
□ ［図形の追加］ボタン
□ ［上へ移動］ボタン
□ ［下へ移動］ボタン
□ ［右から左］ボタン

SmartArt では、図形の追加や削除、図形の移動、左右の入れ替えなどレイアウトを変更することができます。SmartArt を選択すると表示される ［SmartArt のデザイン］タブの ［グラフィックの作成］ グループの各ボタンを使用します。

●図形の追加と削除

図形を追加するには、[図形の追加 ▽] ［図形の追加］ ボタンをクリックします。現在の図形の下に同じ図形が挿入されます。[図形の追加 ▽] ［図形の追加］ ボタンの▼をクリックすると、挿入する位置を選択できます。図形を削除するには、図形を選択して **Delete** キーを押すか、テキストウィンドウ内で箇条書きの「・」を削除します。

SmartArt を選択すると表示される ［SmartArt のデザイン］ タブ

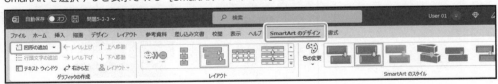

第**5**章

グラフィック要素の挿入と書式設定

●図形のレベルの変更

SmartArt の図形の順番を変更するには、図形を選択して、[SmartArt のデザイン] タブの ↑ 上へ移動 [上へ移動] ボタン、↓ 下へ移動 [下へ移動] ボタンを使用します。また、⇄ 右から左 [右から左] ボタンをクリックすると、レイアウトの左右が入れ替わります。

操作手順

【操作 1】

❶ 文書内の SmartArt を選択します。

❷ [SmartArt のデザイン] タブの 図形の追加 ▾ [図形の追加] ボタンをクリックします。

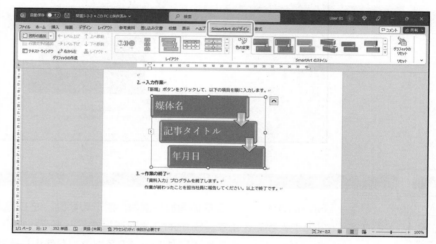

❸ 一番下に図形が挿入されます。

❹ 図形が選択されていることを確認し、「キーワード」と入力します。

❺ SmartArt の図形に文字列が挿入されます。

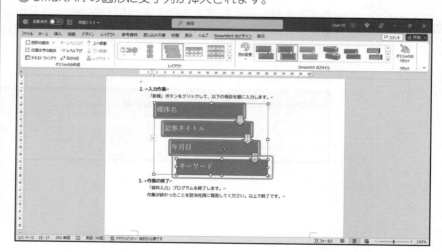

★ ヒント

図形の追加

SmartArt 全体を選択して図形を追加すると、末尾に挿入されます。特定の図形の後に追加したい場合は、その図形を選択してから操作します。また、図形の追加 ▾ [図形の追加] ボタンの▼をクリックすると、図形の前後や上下など挿入する位置を選択できます。上下は階層関係を示す SmartArt において、上下のレベルに図形を追加するときに選択します。

【操作 2】

❻ SmartArt の「年月日」(3 番目の項目)の図形を選択します。

❼ 行頭をクリックしてカーソルを移動し、「発行」と入力します。

❽ [SmartArt のデザイン] タブの $\boxed{↑\ \textbf{上へ移動}}$ [上へ移動]ボタンをクリックします。

❾「発行年月日」の図形が 2 番目に移動し、「記事タイトル」の図形が 3 番目になります。

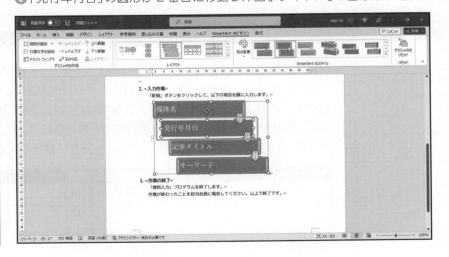

5-4 グラフィック要素を変更する

ここでは、図形、画像、SmartArt などのグラフィック要素の文書内での配置を変更する方法を学習します。周囲の文字列との配置を設定したり、グラフィック要素に説明を追加したりします。

5-4-1 オブジェクトを配置する

練習問題

問題フォルダー
└問題 5-4-1.docx

解答フォルダー
└解答 5-4-1.docx

【操作 1】ページの左側にある画像の位置を「中央下に配置し、四角の枠に沿って文字列を折り返す」に変更します。

【操作 2】ページの右側にある画像の水平方向の位置を「余白」を基準とした「右揃え」、垂直方向の位置を「ページ」を基準とした下方向の距離「75mm」に変更します。

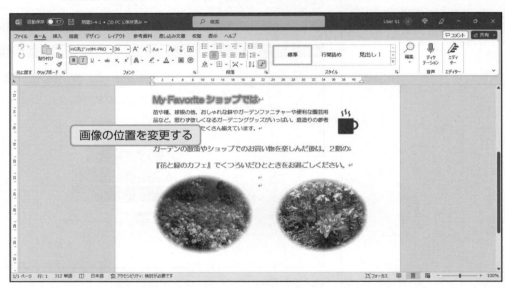

機能の解説

□ 図の位置
□ [位置] ボタン
□ [レイアウト] ダイアログ
　ボックス

文書内に挿入した図や図形などのオブジェクトは、ページ内の指定した位置に配置することができます。配置できる場所は、行内、ページ内の左上、中央上、右上、左中央、中心、右中央、左下、中央下、右下です。文字列は自動的に図や図形の周囲で折り返されます。配置を変更するには、図や図形を選択すると表示される [図の形式] タブや [図形の書式] タブの [位置] ボタンをクリックし、一覧から選択します。

ポイントするとページ上の場所が表示される。図形を配置する場所を選択する

●オブジェクトの詳細な配置

オブジェクトの位置に関して、より詳細に設定したい場合は、[レイアウト] ダイアログボックスを使用します。水平と垂直方向の位置を数値で設定することや、ページの端や余白からの距離や相対的な位置のような詳細な指定をすることができます。[レイアウト] ダイアログボックスは、[文字列の折り返し] ボタンまたは [位置] ボタンの一覧の [その他のレイアウトオプション] をクリックして表示します。

なお、[レイアウト] ダイアログボックスの [位置] タブを使用するには、文字列の折り返しが [行内] 以外である必要があります。

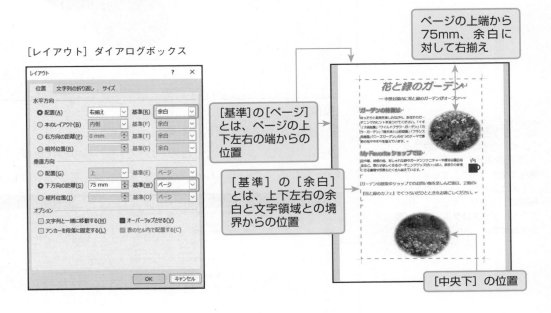

[レイアウト] ダイアログボックス

ページの上端から75mm、余白に対して右揃え

[基準]の[ページ]とは、ページの上下左右の端からの位置

[基準] の [余白] とは、上下左右の余白と文字領域との境界からの位置

[中央下] の位置

操作手順

【操作 1】

❶ 左側にある画像を選択します。

❷ [図の形式] タブの [位置] ボタンをクリックします。

❸ 一覧から [中央下に配置し、四角の枠に沿って文字列を折り返す] をクリックします。

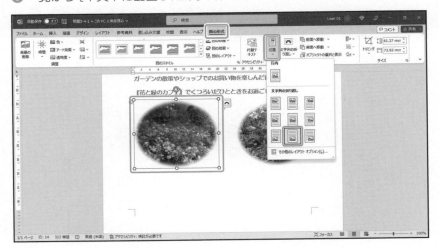

❹ 画像がページ下の中央に配置され、文字列の折り返しが設定されます。

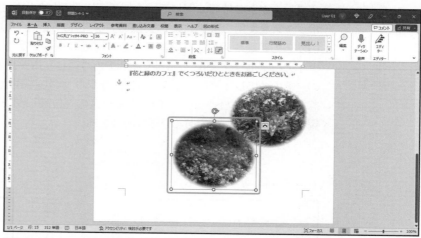

【操作 2】

❺ 右側にある画像を選択します。

❻ ［図の形式］タブの ［位置］ボタンをクリックします。

❼ 一覧から［その他のレイアウトオプション］をクリックします。

〈その他の操作方法〉
［レイアウト］ダイアログボックスの表示

画像を右クリックしてショートカットメニューの［レイアウトの詳細設定］をクリックしても［レイアウト］ダイアログボックスが表示されます。

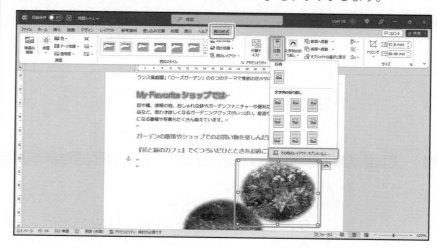

⑧［レイアウト］ダイアログボックスの［位置］タブが表示されます。

⑨［水平方向］の［配置］を選択し、右端の▼をクリックして［右揃え］をクリックします。

⑩［基準］ボックスの▼をクリックして［余白］に設定します。

⑪［垂直方向］の［下方向の距離］を選択し、「75」と入力するか、右端の▼をクリックして「75mm」に設定します。

⑫［基準］ボックスの▼をクリックして［ページ］に設定します。

⑬［OK］をクリックします。

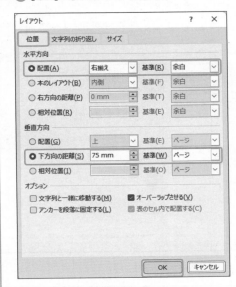

⑭画像の位置が変更されます。

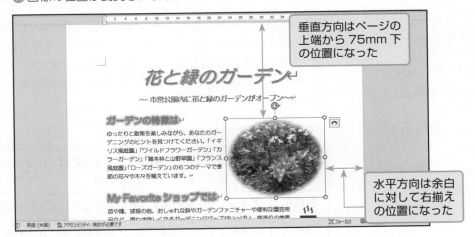

垂直方向はページの
上端から75mm下
の位置になった

水平方向は余白
に対して右揃え
の位置になった

練習問題

問題フォルダー
└問題 5-4-2.docx
解答フォルダー
└解答 5-4-2.docx

【操作 1】3 行目に挿入されている図の文字列の折り返しを「四角形」に変更します。
【操作 2】図を「【はじめに】」の下の文章の右側に移動します。

機能の解説

重要用語

□ 文字列の折り返し
□ ［文字列の折り返し］ボタン
□ ［レイアウトオプション］ボタン
□ ［レイアウト］ダイアログボックス

図形や 3D モデルを文書中に挿入したときの文字列の折り返しの設定は、既定では図形が文字列の上に重なる「前面」になっています。図を挿入した場合は、図の大きさに合わせて行の高さが広がる「行内」になっています。必要に応じて文字列の折り返しを「四角形」や「狭く」などに変更し、文字列とバランスよく配置することができます。文字列の折り返しの種類には以下があります。

文字列の折り返しの種類

行内	行内のカーソルの位置（文字と文字の間）にオブジェクトが配置される 通常、図はこの形式で挿入される
四角形	オブジェクトの周囲を四角で囲むように文字列が折り返される
狭く	オブジェクトの輪郭に沿って文字列が折り返される
内部	オブジェクトの周囲と内部の空白部分に文字列が配置される
上下	オブジェクトの上と下の行に文字列が配置される
背面	オブジェクトと文字列が重なり、オブジェクトが文字列の背面に配置される
前面	オブジェクトと文字列が重なり、オブジェクトが文字列の前面に配置される 通常、図形はこの形式で挿入される

文字列の折り返しを変更するには、図や図形を選択すると表示される［図の形式］タブや
［図形の書式］タブの ![文字列の折り返し] ［文字列の折り返し］ボタンをクリックし、一覧から選択します。
また、図や図形を選択すると表示される ![レイアウトオプション] ［レイアウトオプション］ボタンから変更す
ることもできます。このボタンをクリックすると表示される［文字列の折り返し］の一覧
から選択します。

［図の形式］タブから設定する

［レイアウトオプション］ボタンから設定する

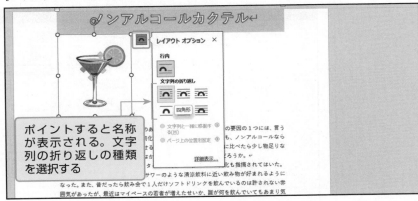

●文字列の折り返しの詳細設定

折り返した文字列を左右どちらかだけに配置したり、図と文字列との間隔を指定したりす
るには、［レイアウト］ダイアログボックスの［文字列の折り返し］タブ使用します。![文字列の折り返し]
［文字列の折り返し］ボタンの一覧から［その他のレイアウトオプション］を選択すると［レ
イアウト］ダイアログボックスが表示されます。

［レイアウト］ダイアログボックス

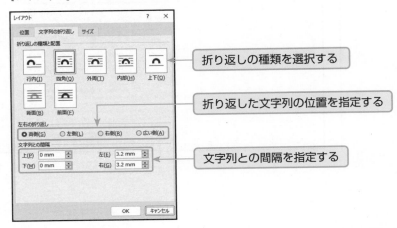

【操作 1】

❶ 3 行目に挿入されている図を選択します。

❷ ［図の形式］タブの ［文字列の折り返し］ボタンをクリックします。

❸ 一覧から［四角形］をクリックします。

❹ 図の周囲に文字列が回り込みます。

図の周囲を囲むように
文字列が配置される

❺ 図の中または枠線をポイントします。

❻ マウスポインターが ⤢ の形状になっていることを確認し、右側にドラッグします。

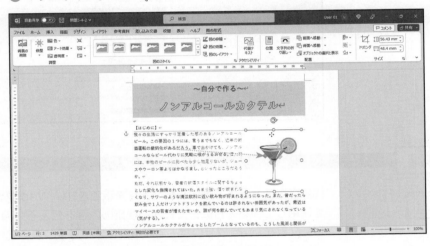

❼ 図が移動し、文字列の右側に配置されます。

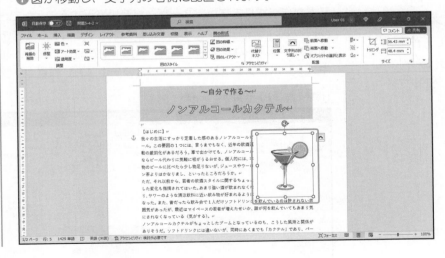

！ポイント

図の移動

図の文字列の折り返しが［行内］
のままだと自由に図を移動するこ
とができません。［四角形］や［狭
く］に変更すると、ドラッグ操作
で図を移動することができます。
その際には、図の中または枠線
上をポイントし、マウスポインタ
ーが ⤢ の形状でドラッグします。

5-4-3 オブジェクトに代替テキストを追加する

練習問題

問題フォルダー
└問題 5-4-3.docx

解答フォルダー
└解答 5-4-3.docx

【操作 1】文書の先頭の図に「トマトの画像」という代替テキストを設定します。
【操作 2】文書の末尾の図形を装飾用として設定します。

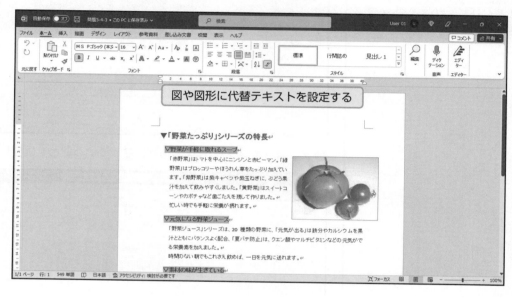

機能の解説

重要用語

☐ 代替テキスト
☐ [代替テキスト]
　作業ウィンドウ
☐ 装飾用として設定
☐ [表のプロパティ]
　ダイアログボックス

代替テキストとは、画像や表などを表示できない Web ブラウザーや音声読み上げソフトを使用している場合に、文書内の要素の内容を伝えるものです。Web ページとして保存した文書を Web ブラウザーで読み込み中に画像や表の代わりに表示したり、音声読み上げソフトで読み上げに使う言葉として使用します。画像を挿入すると、自動的に代替テキストが作成されますが、ユーザーが追加修正することができます。また、代替テキストが必要のない画像や図形は装飾用として設定することもできます。

画像やイラストなどの図に代替テキストを設定するには、[図の形式] タブの [代替テキスト] ボタンをクリックして [代替テキスト] 作業ウィンドウで入力します。

[代替テキスト] 作業ウィンドウ

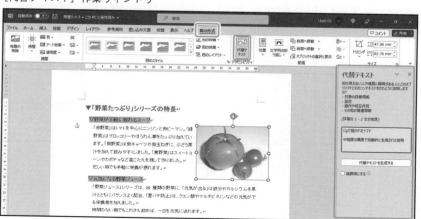

●表の代替テキスト

画像や図形だけでなく表にも代替テキストを追加できます。［表のプロパティ］ダイアログボックスの［代替テキスト］タブを使用します。

［表のプロパティ］ダイアログボックス

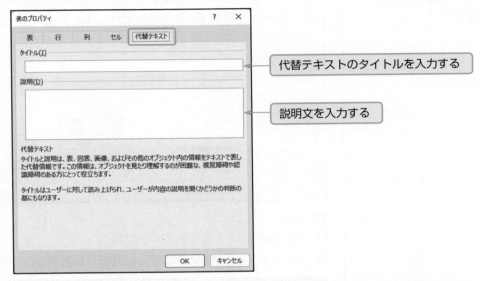

代替テキストのタイトルを入力する

説明文を入力する

アクセシビリティの詳細については「1-4-2　アクセシビリティに関する問題を見つけて修正する」を参照してください。

操作手順

その他の操作方法

［代替テキスト］作業ウィンドウの表示

図を右クリックしてショートカットメニューの［代替テキストを表示］をクリックしても表示できます。

【操作 1】

❶ トマトの画像を選択します。

❷ ［図の形式］タブの 📋 ［代替テキスト］ボタンをクリックします。

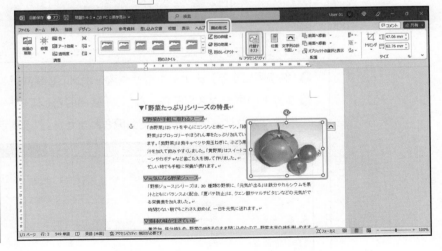

第**5**章　グラフィック要素の挿入と書式設定

❸ ［代替テキスト］作業ウィンドウが表示されます。

❸ ［代替テキスト］作業ウィンドウが表示されます。

❹ 説明用のボックスに自動で生成された内容が表示されていることを確認します。

❺ 表示されている説明文を削除して、「トマトの画像」と入力します。

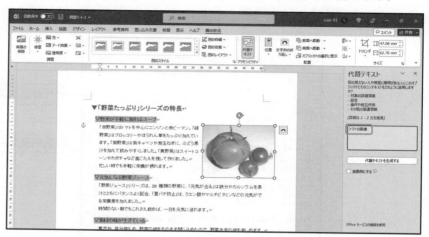

【操作 2】

❻ 文書の末尾にある図形を選択します。

❼ ［代替テキスト］作業ウィンドウに選択した図形の内容が表示されます。

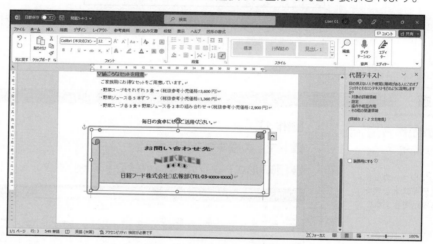

❽ ［装飾用にする］チェックボックスをオンにします。

❾ すぐ上のボックスが灰色になり、「装飾用としてマークされているコンテンツの説明は、スクリーンリーダーに公開されません。」と表示されます。

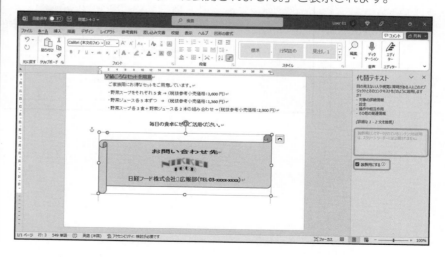

⓫ [代替テキスト] 作業ウィンドウの ✖ 閉じるボタンをクリックします。

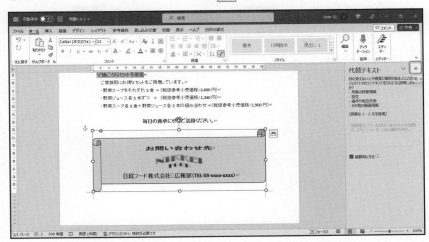

★ ヒント
装飾用にする
文書の装飾用に挿入された枠線
や図などは [装飾用にする] をオ
ンすると、代替テキストの説明が
不要になります。

6

文書の共同作業の管理

本章で学習する項目

☐ コメントを追加する、管理する

☐ 変更履歴を管理する

6-1 コメントを追加する、管理する

ここでは、補足事項や注意点などのメモを文書内に挿入するコメント機能を学習します。文書を複数の人が編集したり、閲覧したりするときに役立つ機能です。コメントの挿入や削除は自由にできます。また、他の人が書いたコメントに返答したり、コメントに対して解決済みという設定にすることもできます。

6-1-1 コメントを追加する、削除する

練習問題

問題フォルダー
　└問題 6-1-1.docx

問題ファイルを開いた時にコメントの表示方法が本誌と異なる場合は [校閲] タブの [変更履歴] の [変更内容の表示] ボックスの▼をクリックして [シンプルな変更履歴 / コメント] をクリックしてください。

解答フォルダー
　└解答 6-1-1.docx

【操作 1】13 行目「21 時 30 分」に「延長可能です」というコメントを挿入します。
【操作 2】大野のコメント「確認済みです」を削除します。

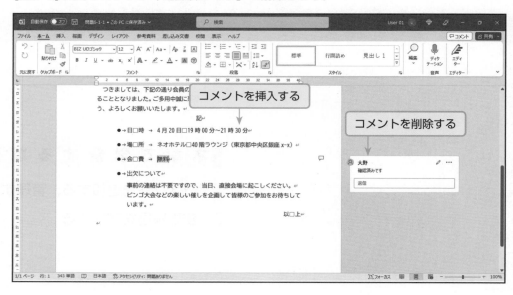

機能の解説

重要用語

☐ コメントの挿入

☐ コメントの削除

☐ コメントの非表示

☐ [コメントの表示]ボタン

文書内に任意の位置にコメントを挿入することができます。コメントは、文書に補足事項や注意点などを付けておけるメモや付箋のようなものです。ひとつの文書を複数の人で校閲するときには伝達事項や質問内容などを書き残しておくことができます。コメントは後から編集や削除ができ、校閲者ごとに表示を切り替えることもできます。
コメントの挿入や削除などの操作は、[校閲] タブの [コメント] グループのコマンドボタンを使用します。

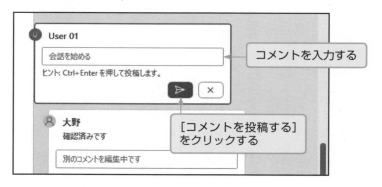

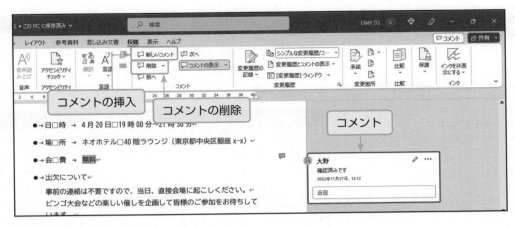

●コメントの表示／非表示

文書のコメントの表示が邪魔な場合は、非表示にすることができます。［校閲］タブの
［コメントの表示］ボタンをクリックしてオフにすると、右側の領域に
コメントアイコンだけが表示されます。　をクリックするとコメントが表示されます。

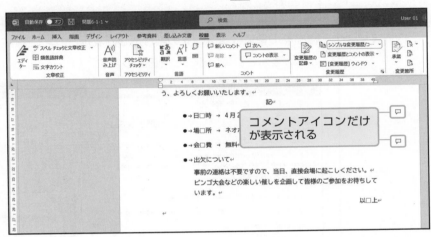

また、リボンの右端にある ［コメント］ボタンをクリックすると、［コメント］
作業ウィンドウが表示され、すべてのコメントを一覧で表示して、コメントの編集ができ
ます。

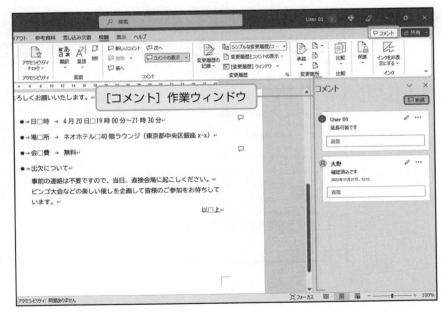

【操作 1】

❶ 13 行目「21 時 30 分」を選択します。

❷ ［校閲］タブの 🗨新しいコメント ［新しいコメント］ボタンをクリックします。

その他の操作方法

ショートカットキー

Ctrl ＋ Alt ＋ M キー
（コメントの挿入）

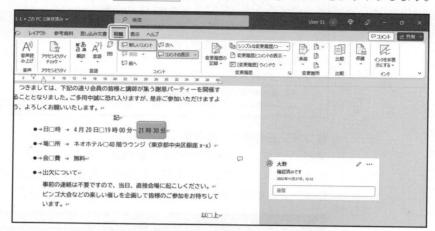

❸ 右側の領域にコメントの吹き出しが表示され、［会話を始める］ボックスにカーソルが表示されていることを確認します。

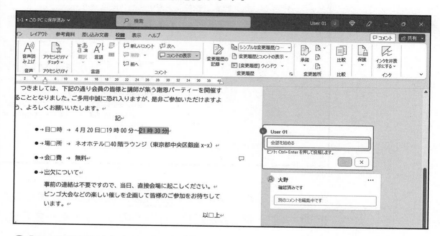

❹「延長可能です」とコメントを入力します。

❺［コメントを投稿する］をクリックします。

その他の操作方法

ショートカットキー

Ctrl ＋ Enter キー
（コメントの挿入）

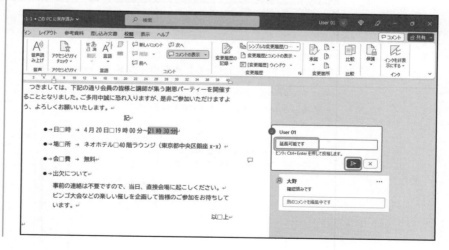

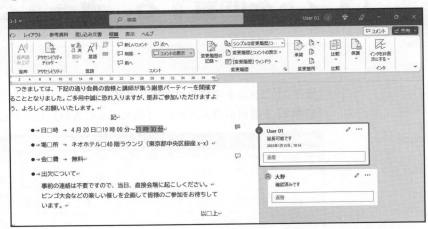

❻ コメントが投稿されます。

<table>
</table>

【操作2】

❼ 大野のコメント「確認済みです」をクリックしてコメントを選択します。

❽ [校閲] タブの ［削除］ ボタンをクリックします。

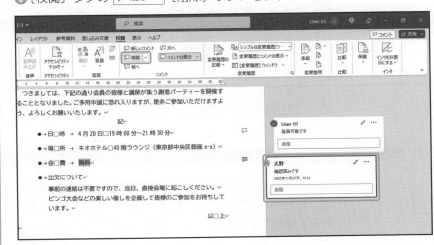

❾ コメントが削除されます。

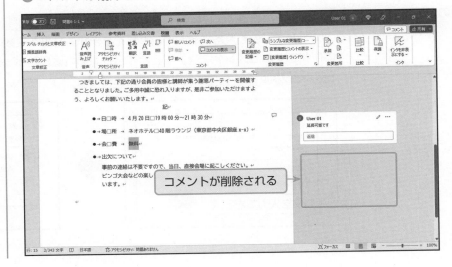

コメントが削除される

左側サイドバー:

★ ヒント

コメントの表示

コメントにはユーザー名と投稿日時が表示されます。ユーザー名は、[ファイル] タブの [オプション] をクリックして表示される [Word のオプション] ダイアログボックスの [全般] の [ユーザー名] ボックスで確認できます。

✎ その他の操作方法

コメントの削除

コメントの右端にある …… をクリックして [スレッドの削除] をクリックしてもコメントを削除できます。

★ ヒント

すべてのコメントの削除

文書内のすべてのコメントを削除する場合は、 ［削除］ ボタンの▼から [ドキュメント内のすべてコメントを削除] をクリックします。

右側余白: 第6章 文書の共同作業の管理

コメントを閲覧する、返答する

練習問題

問題フォルダー
└ 問題 6-1-2.docx

解答フォルダー
└ 解答 6-1-2.docx

【操作 1】コメントを順番に閲覧します。
【操作 2】3 番目のコメントに、「進めてください」と返答します。

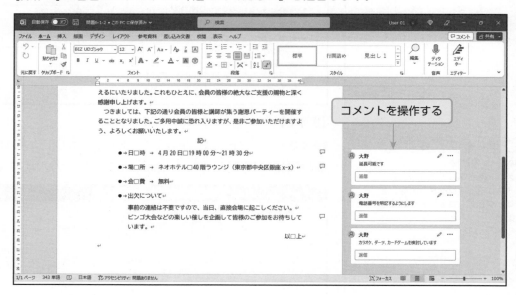

機能の解説

☐ [次へ] ボタン
☐ [前へ] ボタン
☐ コメントの返信

文書に挿入されたコメントは、[校閲] タブの [前へ] ボタン、[次へ] ボタンをクリックすると、前後のコメントにすばやく移動して内容を確認することができます。確認したコメントは、必要に応じて、返答したり、解決済みにしたり、削除することができます。

●コメントの返答
コメントに対して返答文を書くことができます。文書を複数の校閲者でやり取りするときに便利です。コメントを選択すると表示される [返信] ボックスに返答文を入力し、[返信を投稿する] をクリックして完了します。

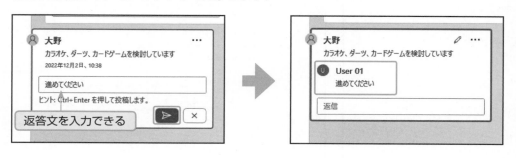

【操作1】

❶ 文頭にカーソルがあることを確認して、[校閲]タブの [次へ] [次へ]ボタンをクリックします。

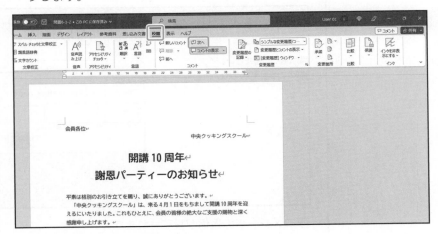

❷ 1番目のコメントが選択されます。

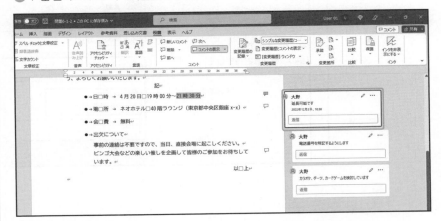

❸ [校閲]タブの [次へ] [次へ]ボタンを2回クリックします。

❹ 3番目のコメントが選択されます。

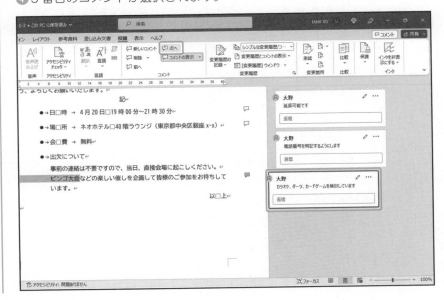

【操作2】

❺3番目のコメント内の［返信］ボックスが表示されていることを確認します。

❻［返信］ボックスをクリックして「進めてください」と返信文を入力します。

❼［返信を投稿する］をクリックします。

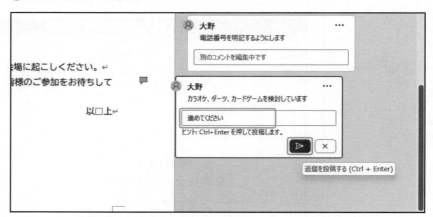

❽コメントへの返信が投稿されます。

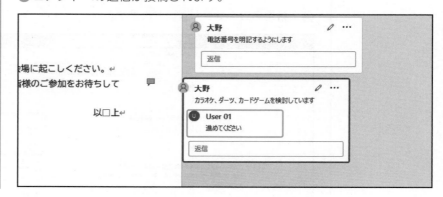

6-1-3 コメントを解決する

練習問題

問題フォルダー
└問題6-1-3.docx

解答フォルダー
└解答6-1-3.docx

【操作1】1番目のコメントを解決済みにします。

【操作2】解決済みの2番目のコメントをもう一度開いて表示します。

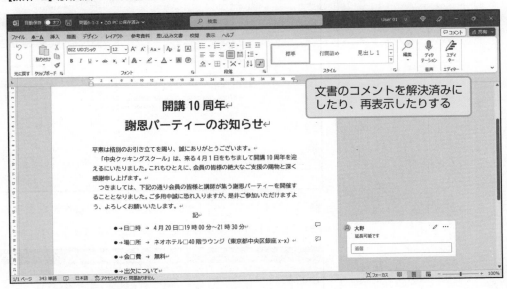

文書のコメントを解決済みに
したり、再表示したりする

機能の解説

□ コメントを解決済み

□ [スレッドを解決する]

□ [もう一度開く]

□ [コメント] 作業ウィン
ドウ

不要になったコメントを削除せずに、やり取りの流れがわかるように残しておきたい場合
は、コメントを解決済みにします。

コメントを解決済みにするには、コメント内の右側に表示されている ⋯ [その他のスレ
ッドの操作] をクリックして、[スレッドを解決する] をクリックします。コメントは非
表示になり、文書の右余白のコメントアイコンが ☑ の表示に変わります。

解決済みにしたコメントを復活させたい場合は、 ↺ [もう一度開く] をクリックすると
コメントを復活させることができます。

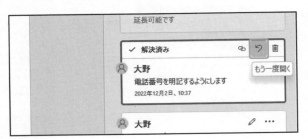

【操作1】

❶［校閲］タブの ［次へ］ ボタンをクリックして、1番目のコメントを選択します。

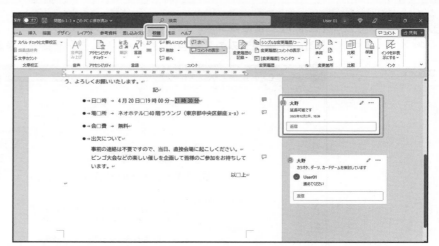

❷コメント内の ... ［その他のスレッドの操作］をクリックします。

❸［スレッドを解決する］をクリックします。

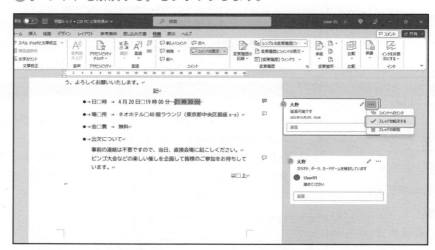

❹コメントが解決済みになり、コメントは非表示になります。文書にはコメントアイコンだけが表示されます。

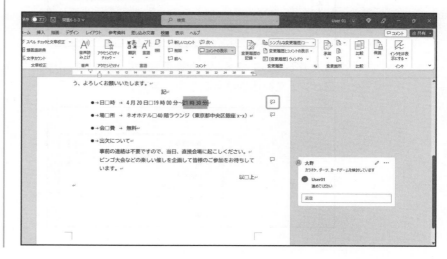

❺ 文書の上から2番目のコメントアイコンをクリックします。

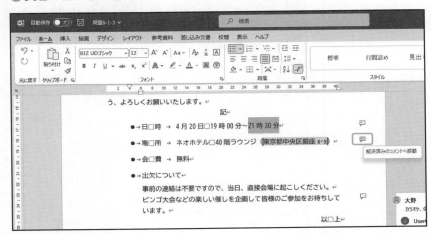

❻ 自動的に［コメント］作業ウィンドウが表示され、上から2番目に［解決済み］の
コメントが表示されていることを確認します。

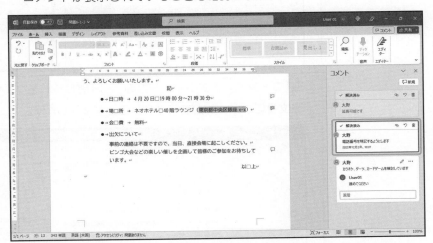

❼ 2番目の確認済みコメントの 🔄 ［もう一度開く］をクリックします。

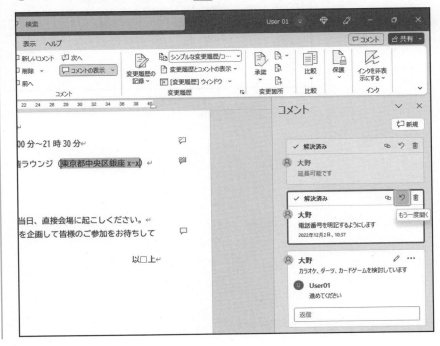

★ヒント

次のコメントの表示

［校閲］タブの ［次へ］［次へ］ボタン、［前へ］［前へ］ボタンをクリックすると、解決済み以外のコメント間を移動します。

★ヒント

［コメント］ウィンドウ

文書中の確認済みのコメントアイコンをクリックしたり、リボン右端にある ［コメント］［コメント］ボタンをクリックすると［コメント］作業ウィンドウが表示され、すべてのコメントを確認できます。

❽ コメント内の［確認済み］が非表示になります。

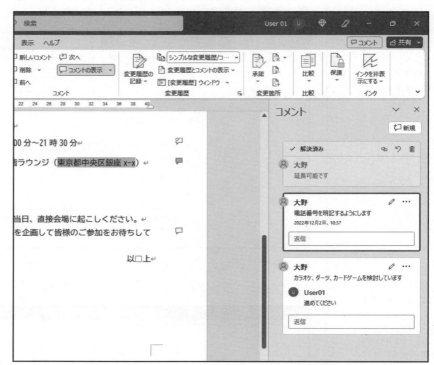

❾ ［コメント］作業ウィンドウの ☒ ［閉じる］をクリックます。

❿ 文書にコメントが表示されたことを確認します。

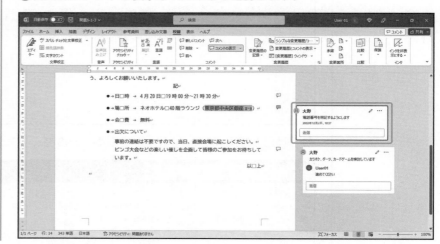

6-2 変更履歴を管理する

変更履歴とは、文書に操作した内容を記録として残す機能です。変更内容は文書内に表示され、内容を確認したうえで変更を反映したり、取り消して変更前の文書に戻すこともできます。編集の過程を確認できるので、文書を校閲するときに利用すると便利な機能です。

6-2-1 変更履歴を記録する、解除する

練習問題

問題フォルダー
└問題 6-2-1.docx

問題ファイルを開いた時に変更履歴の表示方法が本誌と異なる場合は [校閲] タブの [変更履歴] の [変更内容の表示] ボックスの▼をクリックして [シンプルな変更履歴 / コメント] をクリックしてください。

解答フォルダー
└解答 6-2-1.docx

【操作 1】変更履歴の記録をオンにして、次の操作を行います。
　　　　・1 行目 「フラワー」 の後ろに 「アレンジメント」 を追加します。
　　　　・6 行目 「10 月 18 日まで」 に斜体、下線を設定します。
　　　　・9 行目 「満席の場合は…」 の 1 行を削除します。
【操作 2】変更履歴の記録をオフにします。

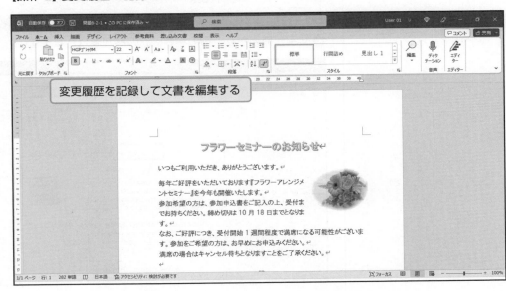

機能の解説

重要用語

☐ 変更履歴
☐ 校閲者
☐ [変更履歴の記録] ボタン

変更履歴は、文書に加えた変更を、いつ、誰が、どのように編集したかという履歴を残す機能です。文書に加えた追加や削除、書式変更の箇所が校閲者ごとに色分けして表示させることもできるため、ひとつの文書を複数の人で校閲したりするときなどに利用すると便利です。変更履歴は文書内に表示されるため、内容を確認した上で反映したり、変更前の文章に戻したりして最終的な文書に仕上げることができます。

変更履歴の記録を開始するには、[校閲] タブの ![変更履歴の記録] [変更履歴の記録] ボタンをクリックしてオンにします。記録を終了するときは、もう一度 ![変更履歴の記録] [変更履歴の記録] ボタンをクリックしてオフにします。

第**6**章　文書の共同作業の管理

【操作 1】

❶ [校閲] タブの [変更履歴の記録] ボタンをクリックしてオンにします。

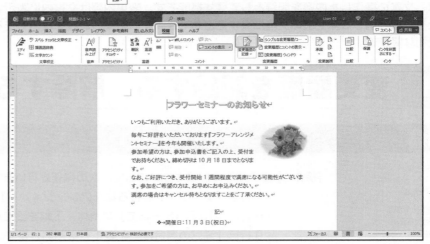

❷ [変更履歴の記録] ボタンが灰色になります。

❸ 1 行目「フラワー」の後ろにカーソルを移動し、「アレンジメント」と入力します。

❹ 文字が挿入され、行の左側に赤の線が表示されます。

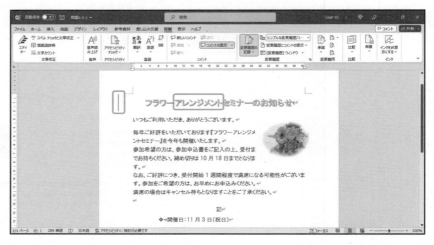

❺ 6 行目「10 月 18 日まで」を選択して、[ホーム] タブで [斜体] と [下線] を設定します。

❻ 書式が設定され、行の左側に赤の線が表示されます。

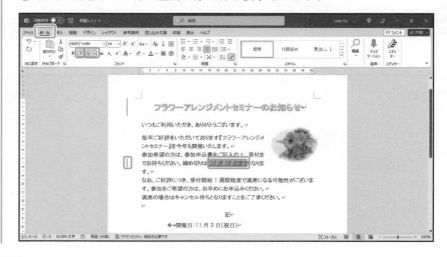

❼ 9 行目「満席の場合は…」から「…ご了承ください。」までを行単位で選択します。

❽ **Delete** キーを押します。

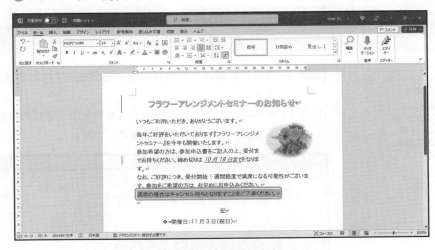

❾ 選択した行が削除され、同様に赤線が表示されます。

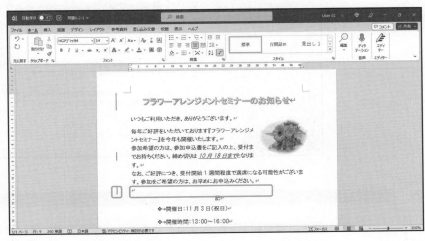

【操作2】

❿ ［校閲］タブの ［変更履歴の記録］ボタンをクリックしてオフにします。

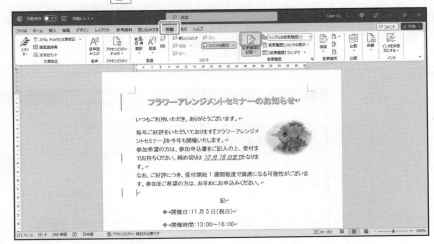

⓫ 変更履歴の記録が終了します。

★ヒント

変更履歴の記録

変更履歴の記録がオンのままファイルを保存すると、次にファイルを開いたときも変更履歴の記録がオンの状態で開かれます。

6-2-2 変更履歴を閲覧する

問題フォルダー
└ 問題 6-2-2.docx

解答ファイルはありません。変更内容の表示の変更はファイルに保存されません。本書に掲載した画面を参照してください。

【操作 1】文書に記録された変更箇所の表示を［すべての変更履歴 / コメント］に変更します。

【操作 2】さらに、変更履歴の表示方法を現在の［書式のみ吹き出しに表示］から［変更履歴を吹き出しに表示］に変更します。

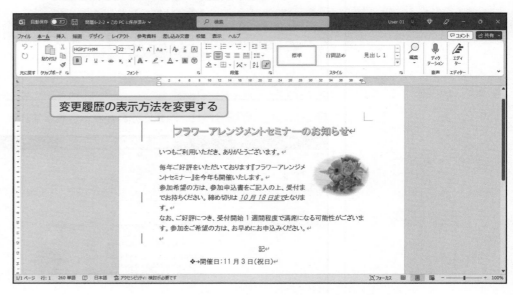

機能の解説

重要用語

□ ［変更内容の表示］ボックス

□ ［すべての変更履歴 / コメント］

□ 変更履歴の表示方法

□ ［変更履歴とコメントの表示］ボタン

通常、変更履歴を記録すると変更後の状態が文書に表示され、変更した行の左端に赤色の線が表示されます。これは、変更内容の表示が初期設定の［シンプルな変更履歴 / コメント］になっているためです。変更履歴を確認しやすくするためには、［すべての変更履歴 / コメント］に変更します。既定では変更箇所の文字色が変わり、下線や取り消し線などが付いて変更箇所がひと目でわかるように表示されます。変更内容の表示の変更は、［シンプルな変更履歴/コ…［変更内容の表示］ボックスをクリックして変更します。

初期設定の［シンプルな変更履歴 / コメント］

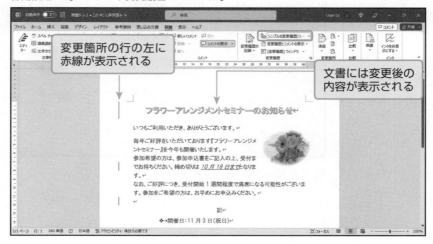

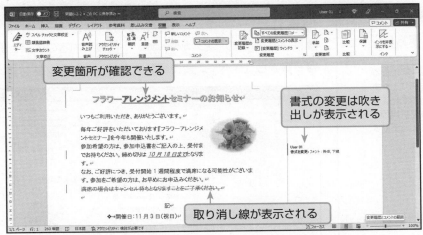

変更箇所が確認できる

書式の変更は吹き出しが表示される

取り消し線が表示される

[変更内容の表示] の一覧の [変更履歴 / コメントなし] は、変更履歴とコメントをすべて非表示にして変更後の文書を表示します。[初版] は、変更を加える前の文書の内容を表示します。

●変更履歴とコメントの表示のオプション

変更履歴とコメントの表示 ✓ [変更履歴とコメントの表示] ボタンの一覧から変更履歴や吹き出しの表示に関する設定が行えます。

変更履歴の表示を [すべての変更履歴 / コメント] にしている場合は、書式の変更が吹き出しとして右側の余白に表示されます。この吹き出しを非表示にしたり、すべての変更履歴を吹き出しに表示するように変更することができます。変更履歴とコメントの表示 ✓ [変更履歴とコメントの表示]ボタンをクリックして[吹き出し] をポイントすると表示される一覧から選択します。

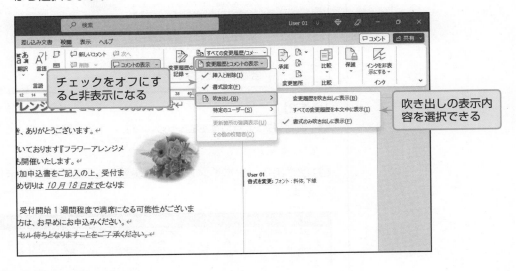

チェックをオフにすると非表示になる

吹き出しの表示内容を選択できる

操作手順

その他の操作方法

変更内容の表示

変更箇所の行の左に表示される
赤色または灰色の線をクリックすると、［シンプルな変更履歴 / コメント］と［すべての変更履歴 /
コメント］の表示切り替えができます。

【操作 1】

❶［校閲］タブの ![シンプルな変更履歴/コ…]［変更内容の表示］ボックスをクリックします。

❷一覧から［すべての変更履歴 / コメント］をクリックします。

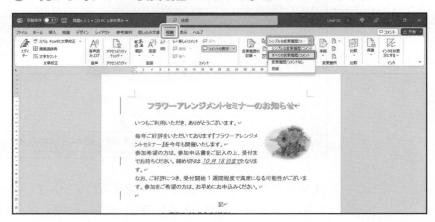

❸変更内容の表示が［すべての変更履歴 / コメント］になり、文書に変更内容が表示
されます。

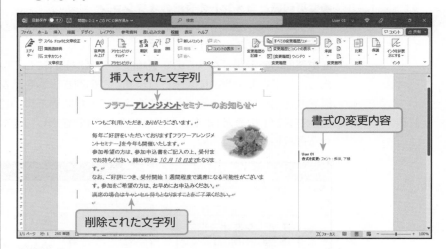

ポイント

すべての変更履歴 / コメント

［すべての変更履歴 / コメント］
に切り替えると、変更箇所には書
式が付いて表示されます。初期
設定では、文字を挿入した箇所
は赤色の文字で表示され、削除
した文字の箇所には取り消し線
が表示されます。書式を変更した
箇所は右余白に吹き出しが表示
され、書式内容が表示されます。

【操作 2】

❹［校閲］タブの ![変更履歴とコメントの表示 ▾]［変更履歴とコメントの表示］ボタンをクリッ
クします。

❺［吹き出し］をポイントし、［変更履歴を吹き出しに表示］をクリックしてオンにし
ます。

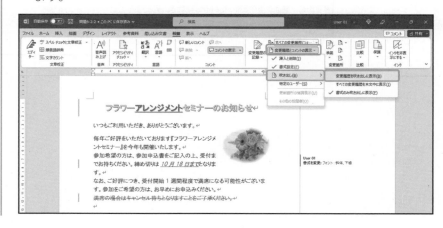

❻削除の箇所が非表示になり、変更内容が右余白の吹き出しに表示されたことを確認します。

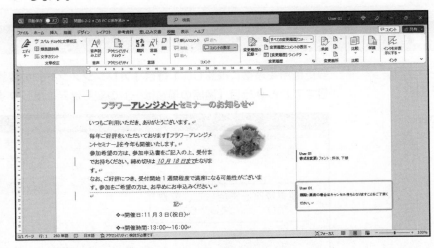

※ 解答操作が終了したら、［変更内容の表示］ボックスを［シンプルな変更履歴 / コメント］の設定に、［変更履歴とコメントの表示］の［吹き出し］を［書式のみ吹き出しに表示］の設定に戻します。

第6章　文書の共同作業の管理

6-2-3 変更履歴を承諾する、元に戻す

練習問題

問題フォルダー
└ 問題 6-2-3.docx

解答フォルダー
└ 解答 6-2-3.docx

変更箇所を順番に確認し、1 行目「アレンジメント」の変更を反映し、6 行目「10 月 18 日まで」と 9 行目「満席の場合は…」の変更は元に戻します。

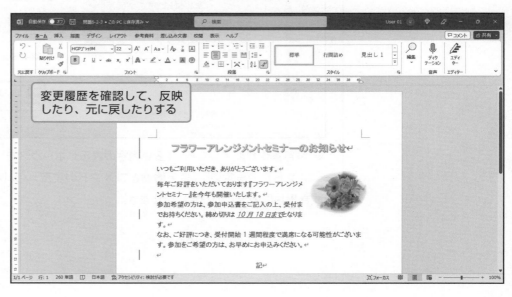

機能の解説

🏷 重要用語

☐ [次の変更箇所] ボタン

☐ [前の変更箇所] ボタン

☐ [承諾] ボタン

☐ [元に戻して次へ進む] ボタン

変更履歴を使用した文書は、変更箇所の内容を確認して、文書に反映したり、元に戻したりして文書を仕上げることができます。[校閲] タブの 📄 [次の変更箇所] ボタンと 📄 [前の変更箇所] ボタンをクリックすると、変更箇所を順番に閲覧して確認することができます。変更箇所やコメントがない場合は、[文書には変更履歴が含まれていません。] というメッセージが表示されます。

●変更箇所を反映する、元に戻す

変更内容を文書に反映するには、[校閲] タブの 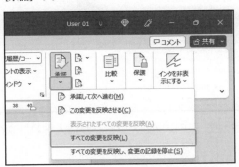[承諾] ボタンをクリックします。変更内容を反映せずに元に戻すには [元に戻して次へ進む] ボタンをクリックします。どちらのボタンも反映したり、元に戻したりした操作後に次の変更箇所に移動します。また、複数の変更箇所をまとめて反映したり、元に戻したりすることもできます。[承諾] ボタンまたは [元に戻して次へ進む] ボタンの▼をクリックすると、[すべての変更を反映] または [すべての変更を元に戻す] を選択できます。

[承諾] ボタンの▼ 　　　　　　　　　　　　　 [元に戻して次へ進む] ボタンの▼

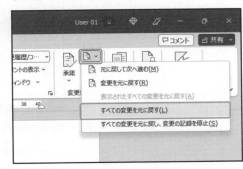

操作手順

❶ [校閲] タブの [シンプルな変更履歴/コ…] [変更内容の表示] ボックスをクリックし、[すべての変更履歴 / コメント] を選択します。

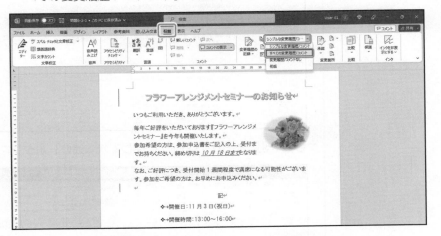

★ヒント
変更箇所の確認

[すべての変更履歴 / コメント] の表示に切り替えると、初期設定では、挿入した箇所は色付きの下線、削除の箇所は取り消し線が表示され、書式の設定内容は、右側の吹き出しに表示されています。また、変更を加えた箇所は行の左側に灰色の縦線が表示されています。

❷ [校閲] タブの [次の変更箇所] ボタンをクリックします。

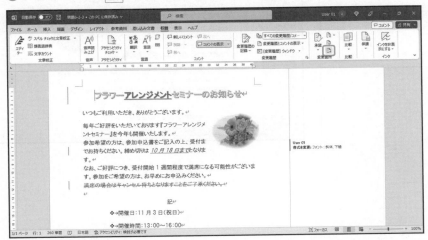

❸ 最初の変更箇所が選択されます。

❹ [校閲] タブの 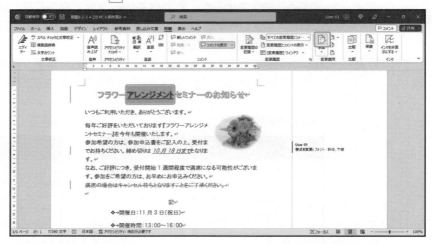 [承諾] ボタンをクリックします。

❺ 変更が反映されて「アレンジメント」が挿入され、次の変更箇所（6 行目）が選択
されます。

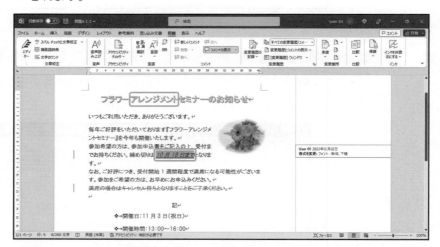

❻ [校閲] タブの 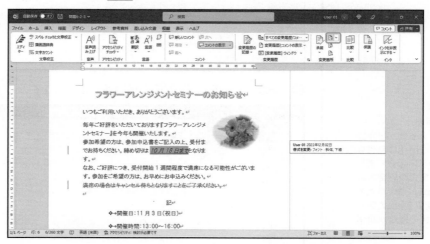 [元に戻して次へ進む] ボタンをクリックします。

❼ 変更が取り消され、斜体と下線が解除されます。変更履歴の吹き出しも非表示になります。

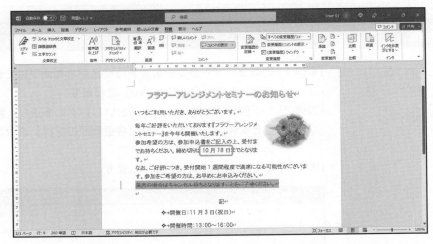

❽ 次の変更箇所（9 行目）が選択されていることを確認し、［校閲］タブの □↓ ［元に戻して次へ進む］ボタンをクリックします。

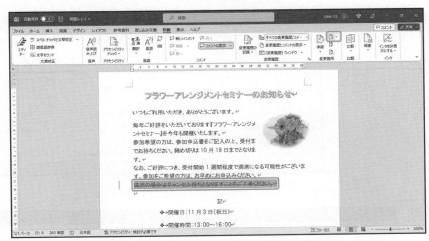

❾ 変更が取り消され、元の文字列が表示されたことを確認します。

❿ ［文書には変更履歴が含まれていません。］のメッセージが表示されるので［OK］をクリックします。

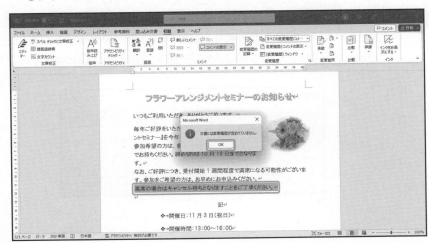

※ 解答操作が終了したら、［変更内容の表示］ボックスを［シンプルな変更履歴 / コメント］の設定に戻します。

6-2-4 変更履歴をロックする、ロックを解除する

練習問題

問題フォルダー
└問題 6-2-4.docx

解答フォルダー
└解答 6-2-4.docx

【操作 1】他のユーザーが文書の変更履歴の記録をオフにできないようにロックします。パスワードは、「624kiroku」にします。

【操作 2】1 行目の「美味しい」を「おいしい」に修正し、変更履歴の記録がオンになったことを確認します。次に［変更履歴の記録］ボタンをクリックしてオフにできないことを確認します。

【操作 3】変更履歴のロックを解除します。

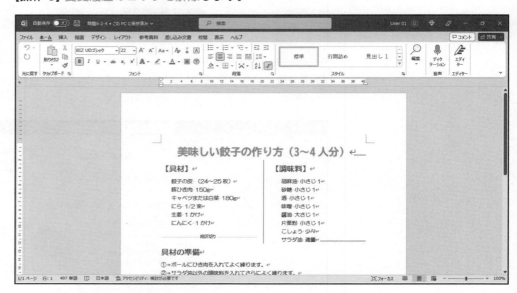

機能の解説

□ ［変更履歴の記録］ボタン

□ ［変更履歴のロック］
　ダイアログボックス

変変更履歴の記録をオンに設定した文書は、［校閲］タブの ［変更履歴の記録］ボタンをクリックすれば変更履歴の記録が簡単に解除できますが、勝手に他のユーザーが変更履歴の記録をオフにできないようにしたい場合は、パスワードを設定することができます。操作は、 ［変更履歴の記録］ボタンの▼をクリックし、［変更記録のロック］をクリックします。次のような［変更履歴のロック］ダイアログボックスが表示されるので、パスワードを入力します。自動的に文書の変更履歴の記録がオンに設定され、これ以降、パスワードを知らないユーザーは変更履歴の記録を解除できなくなります。

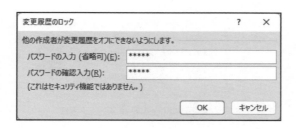

【操作 1】

❶ ［校閲］タブの 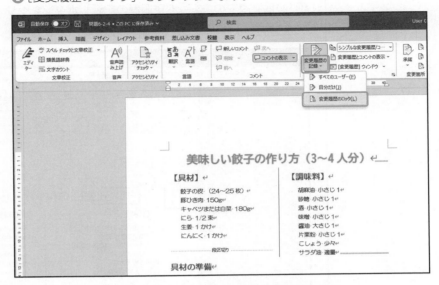❷ 以下省略 — ボタンの▼をクリックします。

❶ ［校閲］タブの［変更履歴の記録］ボタンの▼をクリックします。

❷ ［変更履歴のロック］をクリックします。

❸ ［変更履歴のロック］ダイアログボックスが表示されます。

❹ ［パスワードの入力（省略可）］ボックスに「624kiroku」を入力します。

❺ ［パスワードの確認入力］ボックスに「624kiroku」を入力します。

❻ ［OK］をクリックします。

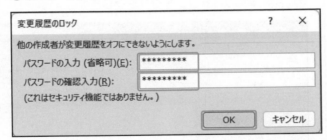

❼ 変更履歴のロックが設定され、［変更履歴の記録］ボタンが灰色に変わります。

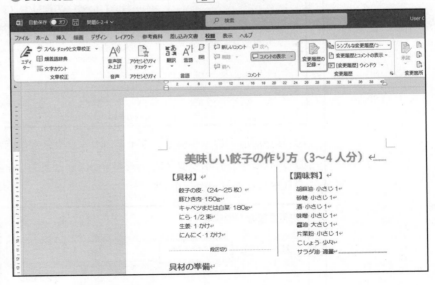

【操作 2】

❽ 1 行目の「美味しい」を削除して「おいしい」と入力します。

❾ 変更履歴が自動的に設定され、1 行目の行の左側に赤の線が表示されることを確認します。

❿ [校閲] タブの 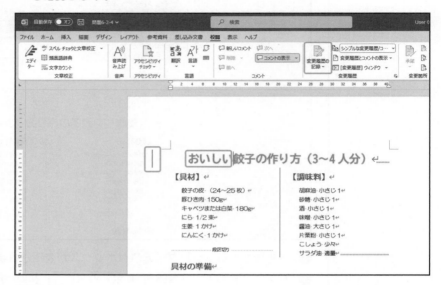 [変更履歴の記録] ボタンをクリックしてもオフにできないことを確認します。

【操作 3】

⓫ [校閲] タブの [変更履歴の記録] ボタンの▼をクリックします。

⓬ [変更履歴のロック] をクリックします。

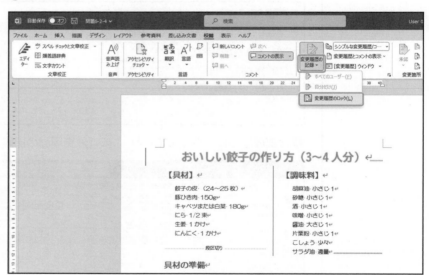

⓭ [変更履歴のロック解除] ダイアログボックスが表示されます。

⓮ [パスワード] ボックスに「624kiroku」と入力します。

⓯ [OK] をクリックします。

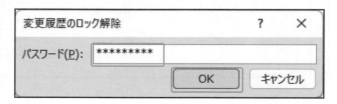

ポイント

変更履歴のロックの解除

変更履歴のロックを解除しても、変更履歴の記録がオンの状態はそのまま残ります。変更履歴の記録をオフにするには、[変更履歴の記録] ボタンをクリックします。

[変更履歴の記録] ボタン

⑯ 変更履歴のロックが解除されます。

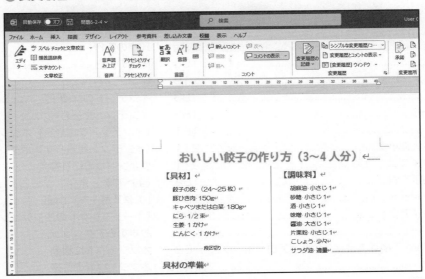

索引

■ 本書についての最新情報、訂正、重要なお知らせについては下記 Web ページを開き、書名もしくは ISBN
で検索してください。ISBN で検索する際は -（ハイフン）を抜いて入力してください。

https://bookplus.nikkei.com/catalog/

■ 本書に掲載した内容および模擬テストプログラムについてのお問い合わせは、下記 Web ページのお問い
合わせフォームからお送りください。電話およびファクシミリによるご質問には一切応じておりません。
なお、本書の範囲を超えるご質問にはお答えできませんので、あらかじめご了承ください。ご質問の内容
によっては、回答に日数を要する場合があります。

https://nkbp.jp/booksQA

装　　　　丁●折原カズヒロ
編 集 協 力●株式会社 ZUGA
Ｄ Ｔ Ｐ 制 作●真壁 みき

MOS 対策テキスト Word 365

2023 年　4 月 10 日　初版第 1 刷発行

著　　　者：佐藤 薫
発　行　者：中川 ヒロミ
発　　　行：株式会社日経 BP
　　　　　　〒 105-8308　東京都港区虎ノ門 4-3-12
発　　　売：株式会社日経 BP マーケティング
　　　　　　〒 105-8308　東京都港区虎ノ門 4-3-12
印　　　刷：大日本印刷株式会社